UN CERVEAU DROIT AU PAYS DES CERVEAUX GAUCHES

Atypiques, intuitifs, créatifs : trouver sa place quand on ne rentre pas dans le moule

Groupe Eyrolles
61, bd Saint-Germain
75240 Paris Cedex 05
www.editions-eyrolles.com

info@eyrolles.com

Myriam Ogier

UN CERVEAU DROIT AU PAYS DES CERVEAUX GAUCHES

Atypiques, intuitifs, créatifs :
trouver sa place
quand on ne rentre pas
dans le moule

EYROLLES

Sommaire

Partie 2
Trouver sa place

Chapitre 5
Un travail sur soi... 89

Chapitre 6
Des talents singuliers à révéler 113

Chapitre 7
Des pistes pour une carrière réussie 131

Partie 3
Faire une place aux neurodroitiers :
un enjeu pour l'entreprise

Chapitre 8
Les repérer, les attirer et les fidéliser........................ 151

Annexes

Annexe 1

Adapter le système éducatif aux nouveaux besoins

Annexe 2

Lexique

Annexe 3

Bibliographie sélective

Introduction
Parfois ingérables mais toujours indispensables

Qu'est-ce qui explique que certaines personnes fourmillent d'idées, pensent autrement, aiment à sortir des sentiers battus, détestent la routine, souhaitent que ça aille vite et faire plusieurs choses en même temps, sont dotées d'un humour particulier… et qu'elles souffrent de ne pas être comme les autres, de ne rien faire comme eux ? Pourquoi se sentent-elles et sont-elles bien souvent incomprises et rejetées par leur entourage, alors même qu'elles rêvent d'être en harmonie avec les autres et le monde, cherchent à se rendre utiles, veulent œuvrer pour un monde meilleur, travailler sur des projets où chacun y gagne… ? C'est une question longtemps sans réponse que s'est posée Sophie, directrice d'une société d'événementiel, qui aurait voulu que tous soient heureux de travailler avec elle pour réaliser des événements originaux, sympathiques, joyeux et efficaces. Elle ne comprenait pas, notamment, ce qui avait pu froisser une de ses collaboratrices, Laurence, qui jusque-là était plutôt souriante et avenante. Tout avait commencé à se dégrader entre elles quand Sophie avait organisé en quelques semaines à peine l'inauguration d'une antenne de son entreprise. Malgré le délai incroyablement court, elle avait réussi à réunir des personnalités du monde entier. L'événement avait été un formidable succès. Pendant tout le temps de la préparation, elle voyait Laurence stressée, tendue, mettant toute la mauvaise volonté du monde pour faire ce qu'elle devait faire, ce qui aurait pu mettre en péril le projet… Sophie, malheureuse de la situation, a cherché à comprendre ce qui se passait et a appris avec peine que sa collaboratrice ne l'aimait pas, lui reprochait d'être fausse, elle si directe. Un de ses associés lui a fait remarquer que leurs fonctionnements étaient tellement aux antipodes qu'elles ne se comprenaient pas, que Laurence n'approuvait pas ses méthodes de travail, elle qui aurait voulu prendre son temps, organiser les choses dans le moindre détail et tout contrôler pour ne pas être surprise. Sophie a alors découvert ce que pouvaient être deux systèmes de pensée radicalement opposés, celui schématiquement de la personne « cerveau droit » qu'elle était, face au « cerveau gauche » représenté par sa collaboratrice.

→ Un vilain petit canard ou un cygne magnifique ?

Commençons donc par un voyage au pays des « cerveaux droits » pour découvrir leur fonctionnement bien particulier. Mais avant d'aller plus avant dans la découverte de leurs particularités et d'entrer dans le vif du sujet, nous vous invitons à vous remettre en mémoire la fable de Hans Andersen, « Le Vilain Petit Canard », car ce conte illustre bien le parcours souvent compliqué et les sensations d'étrangeté, de malaise, de tristesse, parfois de souffrance de ces personnes qui ne font rien comme tout le monde.

Le vilain petit canard

Dès sa naissance le petit caneton suscita des rejets de son entourage. Il était trop grand par rapport à ses congénères et surtout trop laid. Personne ne voulait jouer avec lui. Il semblait faire peur aux autres et était la risée de tous. Sa maman cane voyait bien qu'il était différent, particulièrement intelligent et savait très bien nager, même mieux que les autres, mais elle ne pouvait empêcher les attaques dont il faisait l'objet.

Malheureux, notre vilain petit canard finit par s'enfuir. Sur son chemin, il trouva une vieille paysanne, avec son chat et sa poule. Mais comme il ne savait ni pondre un œuf ni ronronner et qu'il faisait de drôles de remarques et avait un comportement qui leur semblait bizarre, il fut encore pris pour un fou et reçut des conseils totalement inappropriés. Aucun des trois n'était en mesure d'apprécier ses qualités et ses spécificités.

Une fois de plus étant incompris, il préférât partir. Sur sa route, il croisât de magnifiques oiseaux au long cou et d'une blancheur immaculée. Il fut tout de suite conquis par leur beauté et leur grâce, sans pour autant les envier. Il aurait seulement rêvé de leur ressembler...

Puis vint l'hiver, il fut pris dans la glace mais fort heureusement fut recueilli par une famille de paysans. Les enfants voulaient jouer avec lui, mais notre petit caneton avait peur ; pensant de part son expérience qu'ils lui voulaient du mal.

Quand revînt le printemps, il revît des cygnes et cette fois ne résista pas à l'envie de les rejoindre quoiqu'il lui en coûte. C'est alors qu'il vit son reflet dans l'eau et découvrit qu'il était tout aussi beau qu'eux et leur ressemblait. Quel joie de découvrir qu'il n'était plus seul de son espèce et qu'il était si bien accueilli. Sa beauté ne lui tourna pas pour autant la tête car notre vilain petit caneton n'avait rien d'un orgueilleux.

Cette fable est une bonne métaphore de ce qu'endurent les « cerveaux droits » isolés (les cygnes) au pays des « cerveaux gauches » (les canards). Ils sont souvent les souffre-douleurs des autres qui ne supportent pas leur différence. Ils ne font rien comme tout le monde. La fable le souligne dès le départ. Non seulement, le caneton naît bien après les autres, mais pour mieux souligner sa différence, il est laid. Même si son intelligence et ses talents sont reconnus par une adulte (sa mère), celle-ci ne réussit pas à le protéger du rejet et des attaques des autres canards. Plus tard, quand des enfants veulent s'amuser avec lui, le caneton qui leur prête de mauvaises intentions compte tenu de son expérience, prend peur et s'enfuit. Même quand il rencontre des personnes plutôt bien intentionnées à son égard (la paysanne, le chat ou la poule), il n'arrive pas à communiquer avec elles. Il souffre des recommandations de la poule, manifestement inappropriées à sa condition (pondre ou ronronner). Émises pour son bien, elles ne résolvent rien et accentuent même le désespoir de notre petit héros. Et quand le caneton parle à la poule de ses plaisirs (sa joie de glisser sur l'eau), elle le traite de fou et refuse de le considérer comme plus intelligent que le chat, la paysanne ou elle-même. Elle lui reproche son ingratitude sans réaliser qu'elle se fourvoie complètement dans ses conseils ; l'équivalent dans la vie d'un « cerveau droit » serait des réflexions du type : « concentre-toi », « fais une chose à la fois », « arrêtes de te disperser », « reste tranquille, ne bouge pas », « adapte-toi », « fais comme moi »...

C'est parce que le caneton a le courage de se mettre en route, sans savoir vraiment ce qu'il cherche, mais dans le but de se protéger et de survivre, qu'il va finir par trouver son bonheur. Comme dit le dicton, « aide-toi, le ciel t'aidera ». La fable nous montre que notre vilain petit canard, bien que traversant de grandes épreuves, trouve la félicité le jour où il a la chance de rencontrer des semblables, les cygnes. Sa vie s'éclaire alors ; il comprend qu'il appartient à une communauté et découvre sa beauté, métaphore de ses qualités et richesses. Tant qu'il croyait être un vilain petit canard, il était malheureux, vivait mal sa différence et était rejeté par les autres. Quand il gravite au sein de ses pairs, les cygnes, son horizon s'ouvre, la joie le déborde. Sa vision de lui-même et sur le monde changent. Il découvre qui il est, peut ainsi comprendre l'origine de ses mésaventures et vivre enfin selon ses aspirations.

Ses souffrances passées lui permettent de savourer pleinement son bonheur d'être ce qu'il est. Il faut souligner qu'il ne ressent ni amertume, ni esprit de vengeance, ni orgueil ; il n'est pas non plus ni jaloux, ni envieux ; tout comme la plupart des « cerveaux droits » qui ne tirent pas de gloire de leurs atouts, comme nous le verrons plus tard.

Au travers l'aventure de ce vilain petit canard qui finit par découvrir avec bonheur qu'il est un cygne, Hans Andersen nous fait comprendre les difficultés, les rejets et les souffrances endurées par ceux qui ne ressemblent pas à ceux qui les entourent. Leur différence est une croix à porter quotidiennement qui leur empoisonne l'existence. Comme le caneton, les personnes, dont le comportement diffère des autres, trouvent leur voie quand enfin ils se retrouvent avec leurs semblables.

Avec l'aventure de ce vilain petit canard qui finit par découvrir avec bonheur qu'il est un cygne, Hans Andersen nous fait comprendre les difficultés, les rejets et les souffrances endurées par les personnes qui ne ressemblent pas à ceux qui les entourent. Leur différence est une croix à porter quotidiennement qui empoisonne leur existence. Comme le caneton, les personnes dont le comportement diffère des autres, trouvent leur voie quand, enfin, elles se retrouvent avec leurs semblables.

La fable ne s'étend pas sur la spécificité et les qualités des « cygnes » mais leur beauté, leur élégance et leur grâce en sont les métaphores. Si l'histoire se termine pour le mieux pour notre petit canard/cygne, dans la vraie vie, les « cerveaux droits » ne trouvent pas tous la félicité et ne dépassent pas toujours leur malheur et leur souffrance. Trop fragiles, ceux-là peuvent plus ou moins consciemment se replier sur eux-mêmes, vivre dans leur bulle et ainsi se couper des moyens de s'épanouir, ou pire, de décider de quitter ce monde trop cruel.

→ Des personnalités hautes en couleur... sortant des sentiers battus

Si leur originalité apparaît dans la fable au travers de leur identité de cygnes au milieu des canards, leurs spécificités ne sont pas explicites. Pour les illustrer, nous avons choisi d'évoquer Churchill dont le comportement et la vie en font l'archétype du cerveau droit, avec tout ce que cela implique comme avantages et inconvénients.

Winston Churchill : l'archétype du « cerveau droit »

Churchill n'aurait probablement pas donné toute sa dimension, s'il n'avait vécu dans des circonstances exceptionnelles, deux guerres mondiales et une crise économique majeure. L'homme politique le plus illustre de sa génération et l'une des figures les plus remarquables du xxe siècle a su faire face aux terribles épreuves avec une personnalité hors du commun. Face à la gravité de la situation, il a été l'homme providentiel de la Grande-Bretagne, capable d'avoir le courage, l'audace, l'énergie (surhumaine), l'inventivité et l'habilité pour affronter les épreuves avec autant de succès.

Si l'on y songe, pour essayer d'expliquer une telle personnalité, on s'aperçoit que Churchill avait toutes les qualités du cerveau droit et aussi bon nombre de ses défauts. Sa vie n'a jamais été un long fleuve tranquille, mais elle fut émaillée d'échecs cuisants et de formidables réussites. Il faisait partie de ces cerveaux droits peu intéressés par les études classiques, qui peuvent passer pour stupides alors même qu'ils sont dotés d'une intelligence très supérieure, voire exceptionnelle, quand ils suivent leurs aspirations. Churchill a donc été un élève très médiocre. En revanche, il pouvait être un travailleur acharné quand le sujet l'intéressait ; typique du cerveau droit qui peut acquérir un niveau de connaissances sur un sujet (souvent par lui-même, en autodidacte) comparable à celui d'un professionnel.

La carrière de Churchill est à l'image de sa personnalité et de celle d'un pur neurodroitier*[1], riche et totalement éclectique. D'abord correspondant de guerre, prix Nobel de littérature pour ses *Mémoires de guerre*, peintre d'un certain talent, homme politique hors pair, traversant des phases de lumière et de gloires, d'ombre et d'échecs. « Le Lion » a marqué son époque par son courage, son incroyable capacité à entraîner des hommes derrière lui et à prendre des risques, ses talents d'orateur hors pair, son redoutable sens des bons mots, son humour légendaire, sa capacité d'autodérision, caractéristique également de nombre de « cygnes ».

De même, son humeur était fluctuante, du fait de son vécu et de son hypersensibilité si courante chez le « cerveau droit ». Il était sujet à des accès de dépression et des pulsions suicidaires qu'il

---

1. Les termes accompagnés d'un * sont définis dans le lexique, page 187.

avait, avec esprit, baptisés son *black dog*. Sa créativité trouvait de multiples sujets d'expression, tant à travers sa vie professionnelle que dans sa vie personnelle.

Intelligent, intuitif, visionnaire, embrassant tous les sujets à la fois, se dispersant parfois, foisonnant d'idées (pas toutes bonnes mais certaines géniales !), débordant d'énergie, terriblement exigeant... Tous ces traits, marqueurs du neurodroitier, Churchill les avait à foison. Doté d'une intelligence et d'une mémoire prodigieuses, d'une grande culture, notamment historique, l'homme au cigare avait perçu et alerté sur la dangerosité d'Hitler dès les années 1930, quand ses pairs refusaient de voir la réalité en face et niaient le péril nazi. Au sortir de la guerre, il avait même envisagé la conquête spatiale, pensant que dans un avenir relativement proche l'homme pourrait marcher sur la Lune, voire sur Mars ou Vénus.

Sa vision globale ne l'empêchait pas de prêter attention à des détails d'importance. Ainsi, rendant visite à des soldats dans les tranchées durant la Première Guerre mondiale, il avait repéré qu'ils avaient des poux, ce qui ne pouvait qu'affaiblir les troupes et leur moral. Il avait donc veillé à ce qu'on leur donne un traitement pour les en débarrasser. Il avait aussi les caractéristiques de bon nombre de cerveaux droits, à savoir un certain égocentrisme couplé d'une grande empathie. Et s'il a souvent usé son entourage par ses exigences et son infatigabilité (autres traits typiques du neurodroitier), il pouvait aussi être submergé par l'émotion et faire preuve, par moments, d'une grande sensibilité et de beaucoup de générosité.

Si les aventures et les mésaventures du vilain petit canard vous évoquent certains vécus ; si, comme Churchill, vous avez de multiples centres d'intérêt, que vous aimeriez avoir plusieurs métiers dans votre vie ; si vous avez parfois l'impression que vous seriez capable de faire des choses très différentes, peut-être êtes-vous un « cerveau droit » qui s'ignore ! Ce livre devrait vous aider à répondre à la question. Il vous sera d'autant plus bénéfique si vous ne réussissez pas autant que vos talents le laisseraient supposer. Il vous permettra de vous situer et vous donnera des conseils concrets pour mettre à profit vos dons. Il répondra à des questions telles que : quels comportements me caractérisent ? Quels sont mes qualités, mes travers et mes besoins ? D'où vient ma différence ? Comment m'épanouir ? Quel environnement me convient-il ? Comment communiquer avec les autres ? Comment trouver ma place dans un monde qui ne me fait pas de cadeau ? Comment faire pour valoriser et faire connaître mes talents ? Que puis-je apporter à la société ? Comment gérer ma carrière ? Et si vous êtes dirigeants ou dans les ressources humaines, comment mieux les comprendre pour tirer le meilleur de vos salariés ? C'est ce que nous vous invitons à découvrir dans cet ouvrage.

Le moment est particulièrement choisi car dans un monde en pleine évolution, où tout va très vite, où des changements majeurs s'opèrent, la société en général et les entreprises en particulier ont plus que jamais besoin de personnalités sortant des sentiers battus, capables d'imaginer et de dessiner un avenir plein de surprises, de diversité, de nouveautés, sans oublier de lui donner du sens.

→ Les nommer, un véritable casse-tête

Qui sont ces mystérieux « cerveaux droits » affublés de toutes sortes de noms qui essaient de cerner une réalité complexe ? Outre « cerveaux droits », ils sont aussi baptisés « zèbres » (selon la psychologue Jeanne Siaud-Facchin), « guépards » (parce que c'est l'animal le plus rapide au monde en référence à leur pensée ultrarapide), « hauts potentiels » ou « hauts potentiels innovants et créatifs », « neurodroitier », « sureffients mentaux », « atypiques », « cygnes » (en référence à la fable d'Andersen), « multipotentiels », « surdoués ». Ce dernier terme ainsi que celui de « précoce » est utilisé pour les enfants. Mais dire à un adulte qu'il est surdoué alors qu'il va d'échec en échec ou qu'il arrive tout juste à se débrouiller dans la vie, risque d'engendrer une résistance de sa part, un rejet, voire susciter des ricanements tant de lui-même que de son entourage… Nous avons donc choisi le terme de « cerveau droit », malgré ses imperfections, pour son côté neutre, sans jugement de valeur.

Pourquoi toutes ces appellations ? Probablement parce que la variété de leurs parcours, de leurs cheminements, de leurs qualités, de leurs vécus les rend d'une certaine manière insaisissable. En revanche, ils ont en commun des comportements très caractéristiques. Leur pensée fonctionne en arborescence et fait de multiples associations. Ils font preuve de beaucoup d'intuition ; ont une personnalité généralement atypique et surtout ils ne font jamais rien comme tout le monde. Leur rapidité et leur capacité à innover et à penser autrement les rendent peut-être ingérables et inclassables, mais certainement indispensables. Leur fonctionnement s'expliquerait par l'utilisation préférentielle de l'hémisphère droit de leur cerveau. À l'inverse, les personnes dites « cerveaux gauches » auront tendance à être analytiques et logiques avec une pensée séquentielle. Nous reviendrons plus en détail sur ces deux fonctionnements, opposés et complémentaires, comme peut l'être celui de nos deux mains.

→ Une détection qui laisse à désirer

En France, les « neurodroitiers » sont minoritaires ; leur nombre oscillerait entre 15 et 30 % de la population selon les estimations. Un chiffre impossible à préciser en l'état actuel des connaissances car la plupart ne sont pas identifiés comme tels. Ce pourcentage est en outre fortement influencé par l'éducation reçue ; dans certaines régions du globe, ils seraient majoritaires, en Chine notamment. Chez nous, jusqu'à la maternelle incluse, les enfants sont très créatifs et intuitifs. Beaucoup deviennent plus rationnels une fois entrés en primaire, par goût ou par besoin de se conformer aux attentes des adultes qui les entourent à l'école et/ou en famille. Car force est de constater que notre éducation valorise tout ce qui est analytique et logique, contrairement aux méthodes éducatives prônées par Maria Montessori*, Célestin Freinet* ou Rudolf Steiner* qui laissent plus de place à la liberté et à la créativité naturelles de l'enfant (lire aussi le livre de Céline Alvarez, *Les Lois naturelles de l'enfant*).

L'impact de l'éducation rend plus difficile la détection de l'ensemble des « cerveaux droits », puisqu'elle va avoir une forte influence à la fois sur les comportements, sur la personnalité et sur les choix d'études puis de carrière, certains choisissant ou s'imposant des voies pour répondre aux modèles de réussite. Pierre Delaporte, alors président d'EDF, en témoignait avec une pointe de regret. Polytechnicien pour répondre aux vœux de ses parents, il aurait aimé faire des études d'histoire et écrire un livre sur l'année 1492, si riche en événements. À l'inverse, Michel de Montaigne aurait-il eu une telle destinée si son père n'avait voulu pour son fils une éducation aussi variée et originale ? Montaigne aurait-il développé autant de talents si son éducation avait visé à ce qu'il ait une « tête bien pleine », plutôt qu'une « tête bien faite » ? Aurait-il été tout à la fois philosophe, écrivain, humaniste, polyglotte et précurseur et fondateur des sciences humaines ? Rien n'est moins sûr.

Naît-on « cerveau droit » comme on naît gaucher ? Certains « cerveaux gauches » sont-ils en réalité des « cerveaux droits » contrariés à l'instar des gauchers contrariés ? Difficile de répondre avec certitude ; les études scientifiques n'ont pas encore révélé tous les secrets du fonctionnement si complexe de notre cerveau. Question à suivre donc. Mais pour l'instant intéressons-nous à la description de leurs particularités, parfois encombrantes, mais toujours porteuses de potentiels à explorer et à valoriser…

Dans les années 1990, on avait plus ou moins conscience que les talents des enfants précoces ou surdoués n'étaient pas toujours visibles et ne les conduisaient pas forcément, et parfois tant s'en faut, au succès. On estimait qu'un tiers d'entre eux réussissait brillamment à l'école ; un autre se situait dans la moyenne (et donc n'était pas repéré en tant que tels) et qu'un dernier tiers était en échec scolaire. Ces « cancres » passaient parfois pour des retardés mentaux, alors qu'ils avaient simplement décroché par manque d'intérêt pour ce qu'on leur enseignait et la façon dont on leur transmettait des savoirs. Aujourd'hui, espérons que les proportions de réussite sont supérieures car les caractéristiques des enfants surdoués sont désormais beaucoup mieux connues ; en témoigne la nombreuse littérature sur la question. En revanche, les spécificités des adultes

« doués » ou « neurodroitiers » le sont nettement moins. Si enfants, ils étaient rejetés par leurs pairs ou par les adultes, ils vivent souvent la même situation bien des années plus tard sous une forme à peine différente. L'incompréhension, voire l'hostilité, de certains professeurs ou de leurs camarades à l'école est devenue celles de leur hiérarchie ou de leurs collègues au sein de l'entreprise. Un beau gâchis au regard de leurs nombreux talents et de leurs capacités à innover et à penser autrement. (Pour un développement sur le sujet, voir annexe 1.)

Comment les détecter, alors même qu'ils portent souvent leur différence comme un poids, et non un atout ? Ils passent bien souvent inaperçus. Un certain nombre d'entre eux, si ce n'est une majorité, n'ont pas nécessairement fait de brillantes études, et n'ont pas toujours derrière eux une carrière à la hauteur de leurs talents.

La première partie de ce livre va être consacrée à la description de leurs comportements avec l'objectif de repérer ces pépites cachées. Dans un deuxième temps, il s'agira de leur donner des pistes pour trouver leur place dans le monde professionnel, avant d'expliquer, dans la troisième partie, en quoi les détecter et les fidéliser est devenu un enjeu stratégique pour les entreprises, en indiquant les répercussions qu'une meilleure connaissance de ces profils peut avoir, notamment au niveau de la gestion de leurs carrières.

En prenant conscience de leurs talents, les « cerveaux droits » qui s'ignorent risquent de ressentir un immense soulagement, une grande émotion ou/et une grande tristesse. Cette découverte sera l'occasion d'assembler les morceaux d'un puzzle qui leur permettra de saisir l'origine de leurs difficultés et de leurs dons, en donnant sens à ce qu'ils vivent et ressentent au quotidien. C'est une première étape pour sortir de leur possible isolement. Ils pourront alors comprendre qu'ils ne sont pas les seuls de leur espèce, mais qu'au contraire, ils appartiennent à une communauté, comme le cygne dans la fable d'Andersen. Ils trouveront les clés pour assumer plus consciemment leur fonctionnement, sans culpabilité inutile et sans jugement de valeur et pourront plus facilement se situer par rapport aux autres et adapter leur communication pour être mieux compris. Sans oublier que la société en général et les entreprises en particulier y gagneront, elles qui cherchent des personnes innovantes, capables de visualiser l'avenir, d'anticiper et d'inventer de nouvelles manières de faire, de nouveaux procédés ou de nouveaux produits… Ce qui caractérise le « cerveau droit » comme nous le verrons.

Partie 1

Voyage au pays des cerveaux droits

Chapitre 1

Deux systèmes de pensée qui s'opposent ou se complètent ?

Êtes-vous gaucher, gaucher contrarié, droitier, ambidextre ? La réponse est simple. Mais saviez-vous que vous pouvez être plutôt « cerveau gauche », « cerveau droit », « cerveau droit contrarié » ou faire un usage assez équilibré entre vos deux hémisphères ? Si vous ne vous êtes jamais posé la question, c'est probablement que, pour vous, ces notions sont soit floues, soit ne vous parlent pas du tout. Et pourtant, elles sont importantes, surtout si vous êtes « cerveau droit ». Pour mieux comprendre, il faut se référer aux travaux de Roger W. Sperry. Ce neurophysiologiste américain a reçu en 1981 le prix Nobel de médecine pour ses découvertes sur le cerveau. Il a fait ressortir des modes de fonctionnement différents suivant les hémisphères : l'hémisphère gauche fonctionnant de manière analytique, logique et séquentielle (mesuré par le QI) ; le cerveau droit de manière plutôt intuitive et globale (mesuré par le QE) – on le dit analogique, empirique et intuitif.

→ Côté cerveau, êtes-vous plutôt hémisphère droit ou gauche ?

Cette vision schématique du fonctionnement du cerveau en deux hémisphères bien distincts (même si les recherches actuelles montrent que la réalité est plus complexe, qu'il existe de nombreuses connexions et interactions entre les deux) permet de différencier deux fonctionnements très différents qui correspondent à la réalité sur le terrain. Peut-être un peu simpliste, elle a le mérite de faire comprendre pourquoi certaines personnes se sentent si différentes des autres, tant dans leur personnalité que dans leurs agissements.

Les « cerveaux gauches », logiques, réfléchis et analytiques

Les personnes qui favorisent leur hémisphère gauche sont logiques, analytiques et gestionnaires. Pour plus de facilité, on les appellera donc les « cerveaux gauches ». Ils décomposent et analysent les problèmes pour les résoudre, ont un raisonnement séquentiel, suivent un plan précis, s'attachent aux détails, avec le risque de perdre de la hauteur de vue. Ils ressentent plus d'angoisse que d'émotion. Pour eux, il n'y a qu'une seule manière de faire des choses et c'est la bonne, faire autrement peut ressembler à une perte de temps. Ils apprécient les environnements structurés, connus et non évolutifs ; ils aiment les catégories, le rationnel, l'explicite et veulent une réponse directe, concise, structurée et détachée. Ils passent du concret à l'abstrait. Ils sont dans le jugement. On en trouve beaucoup dans les directions des sociétés, car leur esprit analytique et logique leur donne une grande capacité d'appréhension des problèmes et parce qu'ils savent garder la tête froide. Ils fonctionnent ainsi de manière radicalement opposée à celle des « cerveaux droits ». Pour décrire leur façon de penser, Béatrice Millêtre parle de fonctionnement « corde à nœuds » et Christel Petitcollin les qualifie de « normo-pensants », parce qu'ils pensent dans la norme. Ils peuvent avoir un haut potentiel intellectuel sur l'aspect analytique et logique, mais n'être ni créatifs ni innovants, contrairement aux neurodroitiers. En France, la majorité des individus utilise davantage leur hémisphère gauche, l'éducation à l'école les y encourageant.

Les « cerveaux droits », rapides, innovants, intuitifs, atypiques et émotionnels

Les personnes qui utilisent de préférence l'hémisphère droit de leur cerveau sont innovantes, créatives, intuitives, atypiques. Daniel Kahneman, spécialiste de psychologie cognitive et d'économie comportementale, professeur émérite à l'université de Princeton, prix Nobel d'économie (2002) pour ses travaux sur le jugement et la prise de décision, évoque, lui, deux vitesses de pensée : le système 1, celui du lièvre ou « cerveau droit », face au système 2, celui des tortues ou du « cerveau gauche ». Les premiers ont un potentiel créatif et innovant. Les seconds peuvent éventuellement savoir l'exploiter à leur propre bénéfice. Mais comme nos mains, nous avons besoin de nos deux hémisphères si nous voulons être le plus efficace possible. Comme nos mains aussi, chacun a donc ses fonctions spécifiques.

Les cerveaux droits sont avant tout des personnalités qui sortent de la norme, capables de « penser en dehors des clous », de penser autrement, *think out of the box*, comme le disent joliment les Anglo-Saxons. Derrière ce comportement se cachent des qualités tout particulièrement recherchées dans le monde d'aujourd'hui où tout va très vite, comme l'adaptabilité, la rapidité, l'agilité et la créativité. Posséder ces qualités est une chance car elles nous distinguent des robots ; l'intelligence artificielle permet en effet de reproduire des tâches mais elle n'en est pas encore au stade de pouvoir inventer de nouveaux processus ou produits, d'anticiper, etc.

Ces neurodroitiers intéressent tout particulièrement certaines structures et en dérangent d'autres, car leur manière de penser est un défi à l'ordre établi. Ils ont souvent des goûts éclectiques et des passions qui évoluent. Ils ont envie d'aller de l'avant, de mettre un coup de pied dans la fourmilière, ne sont pas toujours écoutés. Ils peuvent être pénalisés et même carrément rejetés par le système qui cherche à se préserver tel qu'il est. Laure, responsable marketing dans un grand groupe français, racontait ainsi avec dépit : « Chez nous, ceux qui veulent faire bouger les choses ne restent pas, car ils se heurtent à un mur, à une volonté d'immuabilité. Nos hiérarchies ne veulent pas prendre de risques, craignant de mettre en péril leurs propres carrières, même si, à long terme, cela serait bénéfique à l'entreprise. »

Si vous êtes de ceux-là, que vous utilisez prioritairement l'hémisphère droit de votre cerveau, vous présentez les caractéristiques suivantes que nous détaillerons ensuite : vous avez une vision globale et intuitive, fruit d'une multiplicité d'associations inconscientes et simultanées qui débouche sur une extrême rapidité de compréhension et d'interprétation. Votre pensée, fonctionnant en arborescence, provoque un foisonnement d'idées ce qui peut donner de vous une impression de confusion. Mais une fois vos idées mises en ordre, vous pouvez appréhender les situations et les problématiques sous plusieurs angles et dans leur complexité. Curieux de tout, vous adorez découvrir et apprendre, à condition que cela fasse sens pour vous. Vous jubilez de mener plusieurs projets de front. Attirés par la nouveauté, détestant la routine, vous « savez », « sentez », « voyez » ce qui est et ce qu'il faut faire avec une rapidité et une clairvoyance engendrant parfois de l'impulsivité. Vous proposez des solutions innovantes, grâce à votre capacité à faire de multiples associations et analogies vous établissez des liens inédits. Vous passez de l'abstrait au concret. Vous recourez à des exemples, des métaphores, des symboles ou des images pour illustrer vos propos. Votre mémoire peut être prodigieuse si le sujet vous intéresse et quasi inexistante sinon. Dans ce cas, il vous est difficile, voire impossible, de vous concentrer. Vous avez besoin d'autonomie et d'indépendance pour avancer à votre rythme, rapide. Ce foisonnement de projets stimule votre énergie, qui sinon tournerait à vide, d'autant que vous vous ennuyez vite. L'écueil pour vous est la dispersion. Fuyant la routine et les sentiers battus, vous ne craignez pas de prendre des risques. Vous avez une éthique et des valeurs fortes. En position de management, vous vous préoccupez du bien-être de vos équipes, de par votre sensibilité (parfois hypersensibilité) et votre capacité d'empathie. Vous êtes gouverné par les émotions et l'affectif. Parmi les cerveaux droits figurent des personnalités exceptionnelles comme Léonard de Vinci ou dans un tout autre genre Raymond Aron qui pensait avec beaucoup de recul et souvent à contre-courant de son époque.

Votre intelligence, tout à fait remarquable, ne fait pas forcément de vous un génie, mais certainement un esprit original s'il a gardé toute sa fraîcheur. C'est pourquoi nous ne reprendrons pas le terme de « surdoué », car il représente trop souvent une personne très visiblement et exceptionnellement douée. De plus, il suscite trop de rejets de la part de ceux qui le sont plus modérément ou qui n'arrivent pas à se reconnaître dans ce terme, surtout quand ils ont subi un grand nombre d'échecs. Nous lui préférons donc les termes de « cerveau droit » ou d'« atypique », d'« intuitif », d'« innovant », de « neurodroitier », de « cygne », de « haut potentiel innovant »... termes qui recouvrent des profils et des types d'intelligences très différents. La majorité d'entre vous ignore appartenir à cette catégorie. Car il faut chasser une idée fausse, le cerveau droit ne brille pas forcément et bien souvent il dérange. Il est très souvent invisible, surtout s'il n'est pas conscient de ses talents qu'il n'est, de fait, pas en mesure d'exploiter. Il pourrait être comparé à un diamant brut qui, une fois taillé, brillerait de mille feux. Mais tant qu'il ne s'identifie pas comme tel, il n'en tire aucun profit, et se sent perpétuellement décalé et rejeté, enchaînant les échecs et les déceptions. Parmi eux, certains se croiront ou passeront pour retardés, stupides, bizarres (voire bipolaires ou fous) et ne comprendront pas comment fonctionner « comme tout le monde ». D'où l'intérêt de connaître leur monde particulier.

De nombreux ouvrages passionnants sur l'enfant ou sur l'adulte surdoué insistent sur leur souffrance. Tout en reconnaissant cet état de fait, nous préférons les aider à tailler leur diamant pour le faire briller. Plutôt que de nous focaliser sur leurs souffrances, notre but à travers cet ouvrage va donc être de leur permettre de s'identifier en tant que tel et, à partir de là, d'œuvrer afin de faire ressortir et de valoriser leurs qualités vraiment singulières. Elles sont nombreuses et parfois exceptionnelles. Il n'est jamais trop tard pour en prendre conscience. Ces personnalités complexes et originales ont des comportements caractéristiques, certains relèvent de leurs spécificités de neurodroitiers, d'autres sont plus liés à leur environnement. En effet, si tous les cerveaux droits ont un fonctionnement plus ou moins analogue, leurs personnalités et leurs parcours, leurs manières de s'adapter au monde qui les entoure, diffèrent sensiblement en fonction de ce qu'ils ont vécu enfants ; selon que leur différence a été un atout ou un fardeau. Beaucoup d'entre eux, pour ne pas dire une majorité, n'étant pas identifiés comme tels, peuvent être relégués à des postes subalternes ou, n'arrivant pas à s'intégrer dans l'entreprise, finissent par se mettre à leur compte. Car leur comportement dérange souvent : pour une majorité de personnes, ils vont trop vite, voient trop loin, sont trop différents pour être appréciés et écoutés.

→ Avantages et vicissitudes d'être cerveaux droits

Des vécus parfois difficiles à dépasser

Parmi les « cerveaux droits », on distingue ainsi trois types de cas : ceux qui réussissent en prenant tous les risques et en ayant de bonnes relations avec les autres ; ceux qui se débrouillent à peu près en restant dans le moule ; ceux qui échouent ou utilisent leurs talents pour des actions peu recommandables.

Ceux qui ont eu un entourage compréhensif sont probablement ceux qui réussissent le mieux. Ils sont à l'aise avec leur environnement en étant rapides, efficaces et créatifs ; ils ont confiance en eux et une capacité à passer du rêve à la réalité, de l'idée à la conception d'un produit ou d'un projet et à sa mise en œuvre. Autonomes et indépendants, ils aiment à prendre des risques et à s'amuser en travaillant ; ils acceptent certaines règles, utilisent bien leurs talents et sont capables de saisir les opportunités qui s'offrent à eux. Ils sont bien intégrés socialement, car ils ont de bonnes relations avec leur entourage et savent se faire apprécier et reconnaître. Nous faisons l'hypothèse que bon nombre d'entre eux ont été bien entourés et compris dans leur enfance par une ou plusieurs personnes de leur environnement familial ou social (à moins qu'enfants, ils aient trouvé des modèles au travers de personnages de romans, de biographies ou de films). Ils s'inscrivent alors dans une spirale de réussite avec suffisamment de lucidité pour leur ouvrir les yeux sur la réalité du monde. Parmi eux, on peut trouver des entrepreneurs créatifs ayant une confiance en eux suffisante pour proposer des solutions parfois révolutionnaires.

Ceux qui s'en accommodent, sans en profiter réellement, peuvent avoir eu des résultats scolaires corrects, sans être éblouissants. Ils se sont plus ou moins adaptés, sans montrer de particularités remarquables. Plus tard, ils continuent de se fondre dans la masse et n'utilisent qu'*a minima* leurs talents. Sans être malheureux, ils ne s'épanouissent pas comme ils le devraient, car ils ont mis un mouchoir sur leurs rêves, leurs ambitions et leur être profond. La frustration n'est jamais loin, plus ou moins consciente. Il n'est pas impossible qu'ils traversent des épisodes dépressifs s'ils prennent conscience de tous les sacrifices qu'ils ont faits pour s'adapter.

Le gâchis le plus terrible concerne ceux qui sont perdus, sans repère ni perspective, dont l'intelligence tourne à vide. Ils ne savent pas qui ils sont, ni ce qu'ils valent. S'ils refusent le modèle commun ou n'arrivent pas à s'y intégrer, ils peuvent se réfugier dans leur monde, se mettre à l'écart ou devenir aigris, voire cyniques, avoir des relations difficiles et conflictuelles avec les autres. Ils dépensent plus d'énergie à se rebeller qu'à construire et à créer. Ils critiquent beaucoup, mais réalisent peu. La frustration l'emporte. Certains souffrent de troubles de l'attention* ou de problèmes de dyslexie*, de dysorthographie*, de dysphasie* ou de dyspraxie* qui ont ou n'ont jamais été diagnostiqués. En retournant leur colère contre eux, ils entrent dans un processus d'autodestruction (dépression, alcoolisme, addiction…), avec parfois des troubles psychologiques graves. À moins qu'ils n'utilisent leurs talents et leurs imaginations au service d'actions destructrices.

Pour ceux qui vivent difficilement leur différence, le fait de comprendre l'origine du décalage avec les autres leur procure un soulagement infini. Ils peuvent alors repartir sur des bases totalement nouvelles, en veillant à travailler dans un contexte mieux adapté à leur fonctionnement, en étant plus vigilant dans le choix de leur entreprise, de leur poste, de leur hiérarchie, de leur environnement en général. Mais nous reviendrons sur ces aspects-là en détail plus loin dans cet ouvrage (voir p. 131).

Comment faire alors pour que leurs talents ne soient plus ignorés, ni par eux, ni par leur entourage ? Si la littérature les concernant souligne leurs souffrances et parfois leurs drames, mon objectif est dans cet ouvrage de donner à ceux qui ont des difficultés à s'intégrer des pistes de réflexion et des outils pour réussir professionnellement en dépit de leurs talents et grâce à eux. Après avoir précisé les principales caractéristiques de ces personnes à la fois douées et atypiques, nous proposerons donc un certain nombre de pistes pour qu'elles puissent trouver leur juste place au travail. Ces conseils concrets, fruit de mon travail de coach au quotidien et de ma réflexion, s'adressent tant aux personnes concernées qu'à leurs entreprises. Nous donnerons ensuite des pistes pour aider les entreprises à les détecter et à utiliser leurs talents. En effet les responsables des ressources humaines et les dirigeants ont tout intérêt à les connaître et à les détecter car les intuitifs et les « cerveaux droits » ont une réelle capacité à penser autrement et à innover, une attention aux autres, un souci de l'humain, toutes sortes de qualités bien utiles, dont les entreprises ont grandement besoin en ce début du XXIe siècle.

Des talents très variés et souvent méconnus

Les personnes atypiques ont donc des niveaux d'intelligence supérieurs, et des talents très divers. Suivant la prégnance d'un type d'intelligence ou d'un autre, leur créativité s'exprimera de manière ou d'une autre. Elles sont donc douées, mais pas pour tout. Nous verrons plus loin que l'intelligence est multiforme (voir les neuf types d'intelligence d'Howard Gardner, chapitre 2) et qu'elle a bien sûr des degrés variables suivant les individus.

Prenons l'exemple de Frédérique. Elle a eu son baccalauréat à 16 ans, puis a fait de brillantes études, a travaillé au Japon dont elle parle couramment la langue. Elle a aussi travaillé très jeune pour des hommes politiques en vue, puis a créé son agence de publicité, tout en étant tentée par la philosophie, avant de se lancer dans le cinéma et les documentaires. Aujourd'hui, elle se passionne pour la photographie et est devenue une spécialiste du *storytelling*. Réussissant à percer dans autant de domaines, on l'imagine douée en tout. En réalité, elle se dit incapable d'avoir une once de sens pratique quand il s'agit de faire des choses basiques, telles que le ménage, le rangement ou prendre soin de ses plantes. On pourrait se dire que c'est de la mauvaise volonté. En réalité, non, ce qui est évident pour tout le monde ou presque, ne l'est pas pour elle.

De même, un énoncé d'exercice pourtant simple peut ne pas être compris par un neurodroitier qui va chercher à le complexifier inutilement. La solution étant trop évidente à ses yeux, il va en chercher une autre en vain. Un homme racontait ainsi qu'il avait obtenu une note très moyenne à un examen d'économie alors qu'il pensait avoir bien compris le sujet et rendu un bon devoir. D'accord avec lui, son professeur lui a cependant expliqué qu'il l'avait mal noté, car il avait omis dans son devoir de nommer l'évidence qui ne se percevait qu'en creux. Son élève n'avait pas pensé à l'exprimer clairement puisque pour lui cela allait de soi ; l'expliciter lui aurait donné l'impression de prendre son lecteur pour un imbécile. Évident pour lui, mais pas pour la plupart des autres. Un autre de ses professeurs, voyant qu'il était un élève différent, en avait tiré une conclusion hâtive. Il avait convoqué ses parents pour leur indiquer que leur fils ne devait pas être très intelligent, voire peut-être un peu retardé mental. Heureusement, ceux-ci, voulant en avoir le cœur net, lui ont fait passer des tests qui ont révélé au contraire une intelligence très supérieure à la moyenne. Cependant, si lui a eu cette chance, d'autres se sont retrouvés dans des filières où ils n'avaient rien à faire, relégués dans des cursus courts ou sans rapport avec leurs capacités, où ils étaient sûrs de mourir d'ennui et donc potentiellement d'échouer…

Impossible de les faire entrer dans le moule

Quelques indices peuvent vous permettre de découvrir que vous êtes un cygne ou « cerveau droit ». Citons-en quelques-uns : vous ne faites jamais rien comme tout le monde ; rien ne vous ennuie plus que la routine ; liberté et autonomie sont indispensables à votre épanouissement ; vous aimez bouger, vous dépenser ; pour être efficace, vous devez mener plusieurs projets de front ; votre intuition est votre meilleur guide ; vous pressentez les événements bien longtemps avant qu'ils n'arrivent ; vous aimez que ça aille vite ; vous vous souciez de l'intérêt général ; votre curiosité est insatiable quand le sujet vous intéresse ; vous avez très souvent raison contre l'avis général ; vous êtes attaché au travail bien fait, à l'harmonie ; vous ne supporteriez pas d'avoir une vie réglée comme un métronome, vous détestez l'injustice… Bref, vous vous sentez et vous êtes différent de la plupart de vos congénères, ce qui n'est donc pas sans vous poser des problèmes comme nous l'avons vu dans les aventures du vilain petit canard.

Surtout n'essayez pas de vous couler dans un moule et assumez votre différence. Ce livre vise à vous aider à mieux identifier et à reconnaître vos qualités et vos comportements bien particuliers. Le but est de vous donner des pistes pour faire fructifier vos talents et vous autoriser à exprimer librement votre capacité à penser si riche et si singulière.

C'est le moment ou jamais car, dans notre monde en plein bouleversement et en profonde évolution, les entreprises et la société en général ont plus que jamais besoin de profils comme le vôtre. Pour aller à la conquête de nouveaux marchés, exploiter de nouvelles niches et explorer le potentiel de nouveaux pays aux cultures très diverses, l'agilité, l'adaptation, la capacité à innover et à penser autrement sont devenues indispensables. Bien gérer l'existant ne suffit plus à notre survie, il faut nous réinventer. Aussi, des personnalités comme la vôtre qui détonnent et sortent du lot sont devenues plus précieuses que jamais.

Steve Jobs l'avait compris depuis fort longtemps puisqu'il avait lancé le slogan d'Apple *Think different* en 1997. Il avait réussi à relancer la marque à la pomme, en s'appuyant sur son identité et ses valeurs. Il s'était inspiré d'un extrait du film *Le Cercle des poètes disparus* : « Les fous, les marginaux, les rebelles, les anticonformistes, les dissidents, tous ceux qui voient les choses différemment, qui ne respectent pas les règles. Vous pouvez les admirer ou les désapprouver, les glorifier ou les dénigrer. Mais vous ne pouvez pas les ignorer, car ils changent les choses. Ils inventent, ils imaginent, ils explorent. Ils créent, ils inspirent. Ils font avancer l'humanité. Là où certains ne voient que folie, nous voyons du génie. Car seuls ceux qui sont assez fous pour penser qu'ils peuvent changer le monde y parviennent. »

Tout l'enjeu et la difficulté vont être pour vous comme pour votre entourage de vous identifier en tant que tel (comprendre que vous êtes un cygne évoluant dans un monde de canards), pour vous permettre de vous affirmer et de vous épanouir pour ce que vous êtes vraiment, un magnifique cygne. Le chemin n'est jamais facile car vous serez perpétuellement confronté à de fortes résistances, notamment parce que vous pensez autrement et que vous avez une capacité d'innovation qui dérange l'ordre établi.

Peter Drucker[1], théoricien américain du management, avait d'ailleurs constaté qu'un des principaux obstacles à l'innovation dans

---

1. Surnommé le « pape du management », Peter Drucker (1909-2005) était professeur, consultant américain en management d'entreprise, et auteur de nombreux livres et concepts utilisés dans le monde de l'entreprise. Il est à

l'entreprise était la résistance au changement à tous les niveaux. Après avoir travaillé pour des entreprises publiques, ce consultant en avait conclu que le management, voulant préserver son pré carré, n'était pas réceptif aux innovations. Clayton M. Christensen, professeur à la Harvard Business School, observe quant à lui que les managers et les grosses organisations rejettent les innovations et les innovateurs par crainte de voir leur univers perturbé. Pour lui, les *disruptive innovations* (1997) sont perçues non comme des opportunités, mais comme des menaces. En effet, l'innovation peut faire concurrence aux produits existants et donc menacer, par là même, la carrière de certains. L'économiste Joseph Schumpeter parlait, lui, du principe de *creative destruction* (1942) et évoquait l'innovation en termes de rupture et non d'évolution, comme la révolution de l'électricité, du téléphone, du portable, de l'e-mail ou de l'ordinateur.

→ Le plus efficace ? Développer ses deux hémisphères !

En Occident, et plus particulièrement en France, l'hémisphère gauche est survalorisé. Il faut être logique et analytique. Il n'en a pas toujours été ainsi. Nous avons traversé des époques où la créativité était encouragée, engendrant œuvres d'art et inventions de toutes sortes. Mais, rattrapés par la culture du process et la recherche de rentabilité érigée en valeur phare, le fameux « génie français » a pris du plomb dans l'aile… Il n'a pas pour autant disparu. Nous restons l'un des pays les plus créatifs et innovants au monde.

Nous pouvons utiliser nos deux hémisphères, avec une préférence pour l'un ou pour l'autre. Si nous reprenons l'image des mains, nous sommes droitiers ou gauchers, mais nous sommes plus habiles

---

l'origine de nombreux concepts utilisés dans le monde de l'entreprise, comme l'esprit d'entreprise et l'innovation systématique.

si nous utilisons les deux mains. Aussi, pour nous adapter à une situation et l'appréhender dans son ensemble, il est efficace de solliciter nos deux hémisphères pour mener une vie plus riche, plus productive et plus créative.

Le récit de l'expérience de la neuroanatomiste américaine Jill Taylor montre bien la fonction de nos deux hémisphères qui se complètent et sont indispensables l'un à l'autre pour bien appréhender le monde.

L'extraordinaire expérience de Jill Bolte Taylor

Diplômée de Harvard, cette scientifique américaine s'est spécialisée en neurologie pour comprendre les raisons de l'incapacité de son frère atteint de schizophrénie à rattacher son monde à la réalité commune. Elle travaillait dans un service de psychiatrie où elle devait identifier les différences de connexions dans le cerveau (au niveau chimique et moléculaire), en fonction de certaines pathologies psychiatriques quand, en 1996, à l'âge de 37 ans, elle a un accident vasculaire cérébral grave (dû à la rupture d'un vaisseau sanguin dans le cerveau gauche) qui la rend incapable de parler, de lire, de marcher, et qui la coupe également de tous ses souvenirs. Elle mettra huit ans à recouvrer toutes ses facultés, avec l'aide de proches et de soignants très investis (elle insiste sur l'importance de l'attention et de la bienveillance dont ils ont fait preuve et qui ont eu une importance majeure sur son rétablissement).

Sa perception du monde en a été bouleversée. Elle raconte avec beaucoup d'humour sa néanmoins terrible expérience dans un livre devenu best-seller *Voyage au-delà de mon cerveau*.

Avec le recul, elle a pu explorer de l'intérieur les rôles dédiés de chacun des hémisphères cérébraux. Son AVC lui a permis de vivre des moments tout à fait étonnants et totalement inédits pour elle. Son hémisphère gauche étant hors circuit, le droit, jusque-là en retrait, a pris le relais. Cela s'est traduit par la focalisation sur le fonctionnement interne de son corps, mais comme si elle l'observait de l'extérieur. Cette expérience a mis en lumière le rôle de censeur de l'hémisphère gauche ; celui-ci n'étant plus à même de réguler ses humeurs, de porter des jugements, d'analyser une situation, elle ne pouvait plus se réfugier dans le raisonnement, ni mettre à distance ses affects. Elle évoque un

« monde enchanté » avec son « hémisphère droit déconnecté du réel » ; à tel point qu'elle avait l'impression de pouvoir atteindre « le nirvana ». L'hémisphère droit lui permettait toujours de se connecter à l'univers, mais dans un état de flottement car elle n'avait plus la notion des limites du corps et ne percevait plus que de l'énergie. Elle deviendra hypersensible aux gens, en grande empathie avec eux. Elle raconte que les soignants attentifs et doux la rassuraient alors que ceux qui étaient indifférents, froids ou brutaux la terrifiaient ; avec eux, elle se sentait immédiatement en danger. Elle n'arrivait plus à faire certains rapprochements, par exemple saisir la connexion entre le mot jaune et la couleur. Il a fallu qu'elle réapprenne quantité d'informations basiques de ce type. Devenue complètement hyperesthésique*, elle n'a plus supporté les sons, les lumières ni les odeurs fortes. Cette expérience l'a profondément changée, a transformé son rapport au monde et aux autres la faisant passer d'une logique de « faire » à un besoin d'« être ».

Charles, par exemple, cerveau droit, créatif, a su solliciter sa capacité d'analyse quand cela s'est avéré nécessaire. Alors étudiant dans une bonne école de commerce, il s'ennuyait mortellement dans ses études. Créatif, avec une pensée originale et personnelle, il ne voyait pas l'utilité de ce qu'il apprenait. Il a donc décidé de prendre une année sabbatique et de partir travailler à Hong Kong dans une *hedge fund* de *hedge funds* (un « fonds de fonds spéculatifs »). Il s'est découvert un goût prononcé pour l'analyse financière. Au bout de trois mois, sa chef chinoise est partie. Son patron lui a proposé de la remplacer. Il a repris le flambeau tellement efficacement qu'une prestigieuse banque new-yorkaise l'a fait venir pour son stage de fin d'études. Il a tout de suite été plongé dans le département le plus ardu de la banque. Un nouveau défi à relever qui l'a impressionné au départ, mais qu'il a su relever avec succès. Pour parfaire sa formation, il est allé ensuite apprendre le chinois et approfondir ses connaissances en économie chinoise. Il a pu intégrer une structure où, avec son patron, ils étaient les seuls Français. Là encore, il a surmonté de nombreux défis. Il a beaucoup appris, non seulement sur l'analyse financière, les secteurs d'activité, les industries locales, mais aussi sur les mentalités et comment gérer une équipe chinoise. Aujourd'hui, il est revenu en Europe pour de nouvelles aventures, toujours dans la finance.

Avec un ami, il a créé un blog passionnant pour suivre les grands sujets de géopolitique actuels. Son profil riche et atypique peut déranger, car il n'entre pas dans les schémas classiques. Charles pense par lui-même et il intéresse des entreprises dynamiques qui ont besoin de personnes capables de prendre des initiatives et de penser autrement. Dans son quotidien, il utilise son intuition, sa psychologie, sa créativité (donc son hémisphère droit) pour se faire une première impression sur les entreprises qui soit juste, avoir des idées pour trouver l'information qui l'intéresse, avoir une vision holistique de la situation (politique, économique et financière, *business model*, compétition, *trends*, etc.), pour identifier rapidement des points critiques. Il se sert aussi de son hémisphère gauche pour analyser, approfondir, évaluer des investissements. Cela lui permet de faire preuve d'une efficacité remarquable.

Chapitre 2

Les formes multiples de l'intelligence

On ne peut aborder le sujet des personnes rapides, intuitives, innovantes et atypiques sans faire un détour par la définition de l'intelligence ou plutôt des intelligences. La notion d'intelligence continue à alimenter bien des débats. Le fait que de brillants élèves aient une carrière très modeste, alors que d'anciens cancres réussissent brillamment, interpelle. Citons, outre Churchill, élève plus que médiocre, le fondateur d'Apple, Steve Jobs, qui a quitté l'université Reed College sans diplôme ou encore le milliardaire et entrepreneur britannique Richard Branson qui a arrêté très tôt sa scolarité préférant se lancer dans les affaires avec le succès que l'on sait.

Quotient intellectuel (QI) et quotient émotionnel (QE)

La suprématie du QI remise en cause

On a cru mesurer l'intelligence par les fameux tests de QI (quotient intellectuel) apparus au début du xxe siècle. Au fil du temps, leur utilisation a été détournée des objectifs de départ, à savoir détecter les retardés mentaux, et ils ont servi à repérer des personnes supérieurement intelligentes. On s'aperçoit aujourd'hui que ces tests mesurent surtout les deux types d'intelligence privilégiés par notre système scolaire, à savoir l'intelligence logique et analytique, et les capacités verbales et linguistiques. L'intelligence émotionnelle* n'est pas prise en compte, alors que les entreprises se sont aperçues qu'elle permettait aux bons managers d'avoir un comportement approprié.

À noter également que les tests de QI ne seraient pas adaptés aux individus supérieurement intelligents, dénommés Asperger*, du nom du pédiatre viennois Hans Asperger. Ces surdoués bien particuliers vivent dans leur bulle, dans leur monde, avec des passions tout aussi insolites qu'obsessionnelles, et sont incapables de se relier aux autres. Ils sont atteints d'une forme d'autisme* et parfois de TOC (troubles obsessionnels compulsifs). Le personnage du professeur Tournesol dans *Tintin* en serait une bonne illustration. Pour illustrer cette coupure avec le monde environnant, Hergé l'a même imaginé sourd. Comme ils peuvent aussi être géniaux et totalement concentrés sur l'invention de produits ou concepts innovants, certaines sociétés spécialisées dans les nouvelles technologies, notamment dans la Silicon Valley, les recherchent activement.

Pour avoir une preuve objective de son intelligence, on peut toujours passer un test de QI, mais il faut savoir qu'il ne mesure que certains types d'intelligence. De plus, l'état mental dans lequel la personne se trouve au moment de la passation a toute son importance ; si elle est stressée, si elle a peur des résultats, il y a de grandes chances pour qu'elle n'obtienne pas un score qui reflète son véritable niveau intellectuel.

L'intelligence émotionnelle, un atout pour réussir

Aussi, avant de plonger dans le monde de ceux que j'appellerai alternativement, pour plus de simplicité, les intuitifs, les innovants, les atypiques, les « cerveaux droits » ou les « neurodroitiers », nous pensons utile de faire un détour pour cerner ce qui se cache derrière la notion d'intelligence. L'intelligence peut être définie comme « l'ensemble des facultés mentales permettant de comprendre les choses et les faits, de découvrir les relations entre eux et d'aboutir à la connaissance conceptuelle et rationnelle (par opposition à la sensation et à l'intuition). Elle se perçoit dans l'aptitude à comprendre et à s'adapter facilement à des situations nouvelles. L'intelligence peut ainsi être conçue comme la faculté d'action ».

L'intelligence émotionnelle (IE) a été popularisée en France par le psychologue américain Daniel Goleman. Pour lui, elle a une incidence, tant sur le plan des relations avec nos proches que sur celui de la réussite professionnelle. Il en a tiré six styles de leadership (coercitif/autoritaire/affiliatif/démocratique/performatif/coach), très utiles pour comprendre les différentes manières de manager. Goleman explique qu'un bon dirigeant, grâce à son IE, fait usage de plusieurs types de leadership en fonction de la situation et du degré de maturité et de développement de la personne ou de l'équipe qu'ils ont en face d'eux.

Pour lui, l'« intelligence émotionnelle » (IE) repose sur quatre compétences fondamentales :

- une bonne connaissance de soi, c'est-à-dire une vision réaliste de ses forces et de ses faiblesses, une compréhension de ses propres émotions, la reconnaissance de leur impact, tant dans son travail que dans ses relations aux autres ;

- une gestion de son efficacité personnelle, c'est-à-dire une bonne gestion de ses émotions, la capacité à assumer ses responsabilités, à être adaptable et flexible, à faire preuve de conviction ;

- une bonne connaissance des autres, c'est-à-dire avoir une capacité d'empathie, de sens politique, à bien percevoir les attentes des collaborateurs, des clients ;

- une capacité à travailler avec les autres et à les rendre plus performants, c'est-à-dire savoir écouter, s'impliquer, innover, reconnaître les capacités de son entourage, bien communiquer, être apte à gérer conflits et changements, être disponible, avoir une intelligence des situations...

Cette approche intéresse de plus en plus d'entreprises qui s'aperçoivent que recruter des personnes sur les seuls critères du QI et des diplômes ne donne pas toujours satisfaction : un QI élevé n'est pas un critère suffisant pour faire un bon manager, car il ne mesure ni la capacité à piloter et à motiver une équipe, ni l'ouverture d'esprit, la créativité ou l'inventivité. Il ne permet pas non plus d'évaluer la capacité à placer un problème dans une perspective plus générale pour avoir une vision d'ensemble et du futur. Comme l'intelligence émotionnelle est une dimension abstraite, elle est invisible pour ceux qui, ne la voyant pas, refusent d'en admettre l'existence. Ce qui rend difficile le travail de développement des dirigeants qui utilisent presque exclusivement l'hémisphère gauche de leur cerveau. Ainsi, des leaders sans intelligence émotionnelle peuvent être efficaces pour redresser une entreprise par des mesures de gestion, mais ne peuvent pas l'accompagner dans son développement, car, passé la crise, ils n'entraînent plus les hommes derrière eux. Au contraire, ils ont tendance à les déstabiliser et à leur faire perdre confiance en eux. N'étant pas reliés à leurs émotions, ils sont incapables d'empathie et font souvent souffrir leurs équipes. En revanche, ceux qui réussissent mieux réfléchissent vite, ont une vision large et perçoivent bien les besoins de leur entourage. C'était le cas d'un dirigeant, polytechnicien, accompagné dans la mise en place de son organisation. Il comprenait à la fois les enjeux de son groupe, les jeux de pouvoir et d'influence entre les dirigeants et pouvait concevoir une organisation au niveau informatique efficiente par rapport aux besoins de son entreprise et de ses utilisateurs, tout en étant capable de bien s'entourer et de mettre chacun de ses collaborateurs au poste où il pensait qu'il donnerait le meilleur de lui-même. Autant dire qu'il est une perle rare que chacun s'arrachera et que ses équipes apprécieront malgré son fort degré d'exigence, car il est juste dans ses décisions qui sont, elles, pensées et efficaces.

→ Les neuf formes d'intelligence selon Howard Gardner

Le psychologue du développement américain Howard Gardner a tenté de définir ce que l'on peut appeler « intelligence ». En 1983, il a présenté la théorie des intelligences multiples. Il en a répertorié d'abord sept, puis huit, puis neuf.

L'intelligence logico-mathématique

Les personnes qui ont une intelligence logico-mathématique développée possèdent la capacité de calculer, de mesurer, de faire preuve de logique et de résoudre des problèmes mathématiques et scientifiques. Elles analysent les causes et les conséquences d'un phénomène ou d'une action et sont capables d'expliquer le pourquoi des choses. Elles ont aussi tendance à catégoriser et à ordonner les objets. Elles aiment les chiffres, l'analyse et le raisonnement. Il existe une dimension non verbale et abstraite dans cette intelligence, car des solutions peuvent être anticipées avant d'être démontrées. Plusieurs moyens existent pour tester ce type d'intelligence, dont le calcul du quotient intellectuel (QI). Des activités permettent par ailleurs de la développer, comme les mots croisés, les casse-tête, les puzzles, les jeux de stratégie (comme les échecs), les jeux de cartes demandant une logique précise, les jeux de déduction (comme le Cluedo), etc.

L'intelligence verbale ou linguistique

C'est l'aptitude à penser avec des mots et à employer le langage pour exprimer ou saisir des idées complexes. On la retrouve chez les écrivains et les poètes, les traducteurs et les interprètes. C'est l'intelligence la plus reconnue et sollicitée à l'école (après l'intelligence logico-mathématique). Elle consiste à utiliser le langage pour comprendre les autres et pour exprimer ce que l'on pense. Tout comme l'intelligence logico-mathématique, on la mesure dans les tests de QI. C'est aussi l'intelligence des sons, car les mots sont des ensembles de sons. Les personnes auditives ont ainsi beaucoup plus de facilité à entendre des mots qu'à voir et à retenir des images. Tous les individus qui manipulent le langage à l'écrit ou à l'oral utilisent l'intelligence linguistique : orateurs, avocats, poètes, écrivains, mais aussi les personnes qui ont à lire et à parler pour résoudre des problèmes, créer et comprendre.

L'intelligence spatiale

Cette intelligence permet à la personne d'utiliser des capacités intellectuelles spécifiques pour avoir mentalement une représentation spatiale du monde, d'une chose ou d'un être, comme les Amérindiens qui circulent en forêt à l'aide de leur représentation mentale du terrain ou les chauffeurs de taxi qui ont en tête une carte de la ville qu'ils parcourent. Ils visualisent des points de repère : les uns, des cours d'eau, des lacs, des types de végétation, des montagnes ; les autres, les rues, les places et les impasses… On peut aussi citer les géographes, les architectes, les dessinateurs industriels, les peintres, les pilotes d'avion ou d'automobiles, les photographes…

L'intelligence intrapersonnelle

Celle-ci permet de se former une représentation de soi précise et fidèle, et de l'utiliser efficacement dans la vie. Elle sollicite plus le champ des représentations et des images que celui du langage. Il s'agit de la capacité à décrypter ses propres émotions, à rester ouvert à ses besoins et à ses désirs. C'est l'intelligence de l'introspection, de la psychologie analytique. Elle permet d'anticiper sur ses comportements en fonction de la connaissance que l'on a de soi.

L'intelligence sociale ou interpersonnelle

Grâce à elle, l'individu agit et réagit avec les autres de façon correcte et adaptée. Ce type d'intelligence l'amène à constater les différences et les nuances de tempérament, de caractère, de motifs d'action entre les personnes. Elle permet l'empathie, la coopération, la tolérance. Elle sert à détecter les intentions non avouées. Cette intelligence permet de résoudre des problèmes liés aux relations aux autres, de comprendre et de générer des solutions valables pour les aider. Les personnalités charismatiques ont une intelligence interpersonnelle très élevée qui les aide à comprendre la nature des interactions. Elle se retrouve chez certains politiciens, commerçants, enseignants, managers, coachs, psys…

L'intelligence corporelle-kinesthésique

C'est la capacité à utiliser son corps pour exprimer une idée ou un sentiment, ou réaliser une activité physique donnée. Elle est particulièrement utilisée par les danseurs, les athlètes, les grands sportifs… Elle permet par exemple à un joueur de basket-ball de calculer la hauteur, la force et l'effet du lancer au panier. Le cerveau anticipe le point d'arrivée du ballon et met en branle une série de mouvements pour répondre à un objectif donné.

L'intelligence musicale, rythmique

Cette intelligence consiste à penser en termes de rythmes et de mélodies et sert à reconnaître des modèles musicaux, à les interpréter et à en créer. Les musiciens, les chanteurs, les danseurs… l'utilisent.

L'intelligence naturaliste

C'est l'intelligence qui permet d'être sensible à ce qui est vivant ou de comprendre l'environnement dans lequel l'homme évolue. C'est la capacité à apprécier, à reconnaître et à classer la faune, la flore et le monde minéral. Elle est très sollicitée chez les zoologistes, les botanistes, les archéologues…

L'intelligence existentielle ou spirituelle

Elle se définit par l'aptitude à se questionner sur le sens et l'origine des choses, la capacité à penser nos origines et notre destinée. Cette intelligence spirituelle, existentielle ou morale est encore définie comme l'aptitude à se situer par rapport aux limites cosmiques (l'infiniment grand et l'infiniment petit) ou à édicter des règles ou des comportements en rapport aux domaines de la vie.

La richesse des singularités

Certaines particularités caractérisent tous les « cygnes » (ou les « vilains petits canards » selon que l'on en a une vision positive ou négative) : grande intuition, pensée en arborescence, hypersensibilité. Celles qui en découlent se déclinent autour de l'ouverture d'esprit, de l'exigence, de la finesse et de la profondeur, avec des relations au monde et aux autres et un comportement spécifique. Vous vous reconnaîtrez plus ou moins parmi celles-ci, en fonction de votre personnalité, de votre tempérament et de votre histoire de vie.

➡ Des capacités à innover et une efficacité à exploiter

Une pensée en arborescence, d'où un foisonnement d'idées

Une de vos grandes caractéristiques est votre pensée en arborescence (contrairement aux « cerveaux gauches » qui ont un raisonnement séquentiel, rappelons-le). Vous avez une pensée complexe qui fait beaucoup de liens et d'associations, et engendre instantanément beaucoup d'idées. Votre cerveau mouline en permanence, ne s'arrête jamais, avec un flux continu d'associations, à l'image du hamster qui passe ses nuits à tourner dans sa roue. Certains d'entre vous ont d'ailleurs du mal à décrocher, à s'arrêter de penser, à se relaxer.

Des études ont montré que les flux nerveux sont beaucoup plus rapides dans l'hémisphère droit que dans le gauche. Cette constatation permet d'expliquer l'origine de votre vivacité d'esprit et de votre capacité à résoudre un problème complexe. Votre esprit va parfois tellement vite que la solution vous saute aux yeux et vous paraît évidente. Pour vous, mais pas pour tout le monde. Soyez-en bien conscient, non pour vous en vanter, mais pour comprendre que si vous ne prenez pas le temps d'expliquer, de transmettre, vous serez seul à percevoir l'évidence. Vous risquez de vous sentir décalé et/ou de vous isoler. Il n'est alors pas étonnant que certains d'entre vous doutent d'eux-mêmes. Il est donc très important que vous vous rendiez compte que le décalage entre vous et votre entourage vient de votre type d'intelligence, pour pouvoir le gérer.

L'autre limite de la pensée en arborescence peut se traduire par une certaine dispersion, un côté brouillon : vous menez beaucoup de sujets à la fois, vous êtes difficile à suivre, car vous émaillez vos propos de nombreuses digressions ; vous allez trop vite ; vous sautez des étapes ; vous êtes impulsif, impatient...

Mais grâce à ce fonctionnement, vous fourmillez d'idées. C'est une autre de vos caractéristiques majeures. Elles vous viennent quand vous êtes occupé à faire autre chose, à un moment où votre esprit a le loisir de vagabonder, que vous n'êtes pas contraint par un objectif : en vous promenant, sous la douche, en écoutant (ou pas !) un discours ennuyeux ou, au contraire, lors d'une présentation par quelqu'un d'autre, à la fois passionnante et inspirante... Ne jamais oublier que les meilleures idées arrivent quand on ne les cherche pas, c'est-à-dire quand on est dans le lâcher-prise.

Un esprit innovant
sur vos sujets de prédilection

L'innovation et la créativité ont beaucoup de visages. On pense souvent à la créativité artistique. En réalité, elle s'étend à tous les domaines liés aux différents types d'intelligence. On peut même être créatifs dans des domaines où la rigueur est de mise et où, à première vue, il ne peut y avoir d'espace pour la créativité, comme la fiscalité, les produits bancaires, la comptabilité, le droit...

Le processus de créativité se déroule en plusieurs phases : d'abord l'idée, puis sa conception, avant sa mise en place et sa gestion. Le pur cerveau droit s'intéressera moins à la mise en place et peu à la dernière phase, la gestion. Certains d'entre vous vont être à l'aise dans toutes les phases de la créativité. Quelques-uns aimeront concevoir, mais laisseront à d'autres le soin de la mise en musique ; un peu comme un grand architecte dessine un bâtiment et s'entoure d'équipes pour mettre en forme son projet. Franck Gehry, l'architecte de la Fondation Louis Vuitton – a commencé par des dessins ou des gribouillages dans lesquels émergeait la forme d'un grand voilier, d'autres ont pris la suite pour que l'idée prenne corps. Un grand couturier procède de la même manière ; il dessine des modèles et laisse à d'autres la conception des patrons, la recherche des tissus qui donneront la tenue à ses modèles, etc.

Votre créativité sera liée à vos domaines de prédilection et votre forme d'esprit. Certains d'entre vous seront des matheux, d'autres des littéraires, d'autres encore les deux. Et il y a toujours des personnalités hors du commun qui ont tous les talents comme Léonard de Vinci, à la fois artiste, scientifique, ingénieur, inventeur, anatomiste, peintre, sculpteur, architecte, urbaniste, botaniste, musicien, poète, philosophe et écrivain.

En fait, tout le monde a un potentiel créatif, du moins au départ. Regardez les enfants par exemple. Ils peuvent s'épanouir en maternelle où leur créativité peut s'exprimer. En revanche, dès le CP, avec l'apprentissage de la lecture et des autres matières, l'enseignement se focalise davantage sur des réalités tangibles et démontrables, leur créativité est alors nettement moins sollicitée et moins valorisée. Les dessins d'enfants en primaire illustrent bien ce changement ; ils deviennent nettement plus réalistes et plus normés, et perdent beaucoup de leur fraîcheur, de leur fantaisie et de leur originalité. Picasso disait d'ailleurs : « Quand j'étais enfant, je dessinais comme Raphaël, mais il m'a fallu toute une vie pour apprendre à dessiner comme un enfant. »

Une intuition fulgurante

Autre grande caractéristique du neurodroitier, son intuition. Elle peut se porter sur des objets différents : l'intuition des personnes, l'intuition de ce qui va émerger, plaire, l'intuition des nouvelles tendances, des nouveaux besoins, des nouvelles envies ou des débouchés futurs… La difficulté avec l'intuition est qu'elle est immatérielle et insaisissable et, de fait, difficilement objectivable. On peut suivre un raisonnement, mais l'intuition est une fulgurance dont on ne sait d'où elle vient. Elle est comme une étoile filante, difficile à saisir. Elle est aussi difficile à démontrer. Un dirigeant mobilisé sur les thématiques de l'innovation me disait : « Je sens ; je vois ce qu'il faut faire ; j'ai un flash. J'ai une sensation physique quand je sens au cours d'une réunion le moment clé où je dois intervenir pour faire passer un projet, un message, une vision. »

Jean-François Roverato, ancien président d'Eiffage, racontait qu'il avait mis plusieurs années avant de se servir de ce don. Au début de sa carrière, il misait surtout sur le raisonnement du fait de sa formation scientifique. Avec le temps, en gagnant en assurance, il a appris à l'écouter et à prendre des décisions plus éclairées. En effet, il faut savoir entendre, percevoir et écouter votre intuition et lui faire confiance, car c'est l'une de vos principales forces.

L'intuition peut aussi faire vivre à une personne qui y est attentive des expériences étonnantes de télépathie* et de synchronicité*.

Une capacité à penser autrement à valoriser

Dans quelque domaine que ce soit, ce qui vous différencie est votre esprit innovant, imaginatif et original qui vous conduit à penser autrement, à imaginer des scénarios inédits, à trouver des raccourcis, à utiliser un produit, mais en le détournant de sa fonction première… Votre capacité à innover ne dépend ni de votre âge (on peut être jeune à 90 ans et vieux à 20), ni de votre sexe, ni de votre origine sociale ou géographique.

C'est le cas de Patrick. Approchant de la soixantaine, ce manager n'en est pas moins un *geek*. Quand les tablettes sont apparues sur le marché, il a eu immédiatement l'idée de s'en servir en réunion pour prendre directement des notes. Un jour, il repère une start-up en Californie dans laquelle il pense qu'une prise de participation de son groupe pourrait être intéressante. Le domaine est apparemment éloigné du métier de base de l'entreprise, mais il perçoit une complémentarité entre les deux qui ouvrirait son groupe à de nouveaux marchés. Il en parle à son patron avec force arguments. Il essuie un refus catégorique. Pas abattu pour autant, il décide alors d'en parler autour de lui, à des personnes qui adhèrent à sa vision. Fort de leurs appuis, il revient à la charge auprès de son manager qui accepte de rencontrer les dirigeants de cette start-up et finalement donne son accord pour l'investissement. Une victoire parmi plusieurs batailles face à la résistance de ce patron au fonctionnement radicalement opposé au sien. Sans compter que ce dernier n'est pas du genre à lui renvoyer l'ascenseur quand il a profité des bonnes idées ou contacts de son adjoint, ce qui est malheureusement très courant et très frustrant. Focalisé sur l'intérêt général, notre dirigeant ne se laisse pourtant pas démonter et garde le cap.

Cet exemple illustre une certaine forme d'ouverture d'esprit, mais il en existe bien d'autres. L'innovation peut être à l'origine de l'apparition de services qui révolutionnent un secteur ancien, comme les groupes de chauffeurs privés ou de vente en ligne qui concurrencent fortement les taxis ou les magasins de ville. On sait que les banques ou les assurances s'inquiètent, elles, de voir apparaître des acteurs sur leur marché traditionnel. L'innovation peut aussi se glisser dans une restructuration, une réorganisation, une nouvelle technique, etc. En fait, elle touche tous les domaines.

Une grande rapidité avec souvent un train d'avance sur les autres

Vous avez une capacité à apprendre vite (si cela vous intéresse). Vous êtes ultrarapide… dans certains domaines. Tellement rapide que les autres ne vous suivent pas. Et s'ils arrivent à la même conclusion que vous quelques minutes, heures, jours plus tard, ils ne se souviendront probablement pas que vous leur aviez donné la solution le premier. Pire, ils penseront que l'idée vient de quelqu'un d'autre. Et s'ils s'en souviennent et qu'ils ont eu tort de ne pas vous écouter, ils peuvent être vexés, se sentir bêtes ou rabaissés et du coup ne vous en sauront, bien souvent, pas gré.

Vous avez également naturellement une grande agilité d'esprit. C'est une des qualités les plus recherchées dans nombre d'entreprises aujourd'hui. Du moins en théorie, parce que en pratique, certains freins rendent parfois difficile cette mise en avant de votre rapidité d'esprit. Votre intuition et votre pensée en arborescence la favorisent. Si vous êtes agile, vous savez vous adapter dans un monde incertain où les repères sont brouillés. Le fait de ne pas savoir de quoi l'avenir sera fait vous amuse ou vous stimule plutôt qu'il ne vous dérange. Vous voyez l'inconnu comme une mine d'opportunités à saisir.

Prenons l'exemple du joueur de tennis. Tout est improvisation dans un match de tennis, mais, en amont, le champion s'entraîne énormément, tant au niveau physique que tactique, pour se préparer à toutes les éventualités. Un joueur agile et créatif comme Roger Federer a montré sa capacité à inventer des coups qui ont sidéré ses adversaires, comme renvoyer une balle, dos au court, entre ses jambes, faute de temps pour bien se placer.

Une mémoire prodigieuse… quand le sujet vous intéresse

Votre mémoire peut être prodigieuse si le sujet vous intéresse. Enfant, vous avez pu être excellent élève dans les petites classes, car vous appreniez sans faire d'effort. Les plus talentueux d'entre vous ont parfois appris à lire seuls. Vous êtes souvent bon pour faire des puzzles, les jeux de la retourne, les réussites, le bridge ou la crapette… Mais votre mémoire est aussi très sélective, voire médiocre et capricieuse si le sujet ne vous passionne pas outre mesure. Dans ce cas, il vous est difficile, voire impossible, de vous concentrer.

→ Une grande ouverture d'esprit pour mettre du sel dans votre quotidien

Une curiosité d'esprit insatiable à nourrir quotidiennement

Vous avez une soif d'apprendre, de découvrir, de connaître inextinguible. Vous êtes toujours en éveil vis-à-vis de tout ce qui est nouveau ou original. Tout (ou presque) vous intéresse. Curieux, vous adorez découvrir et comprendre, à condition que cela fasse sens pour vous. Vous aimeriez tout savoir et tout comprendre. Vos centres d'intérêt sont éclectiques et parfois changeants. La diversité répond à votre besoin d'émulation. Ainsi, pendant un temps, vous allez vous passionner pour un auteur, un pays, une culture, un moment de l'Histoire… Il n'est pas rare que votre passion vous fasse passer du statut d'amateur à celui de quasi-professionnel ; votre culture pouvant alors être encyclopédique dans vos domaines de prédilection. C'est un trait typique d'illustres cancres à l'école. Ils s'ennuyaient à l'école, mais se forgeaient une culture d'autodidacte exclusivement dans les domaines qui les passionnaient. Churchill en est une fois de plus une bonne illustration. Il a eu des résultats scolaires très médiocres, mais une culture extraordinaire pour tout ce qui l'intéressait, comme la guerre. Enfant, il jouait indéfiniment avec ses soldats de plomb en imaginant des stratégies de bataille, qui lui ont été bien utiles par la suite, pendant les deux guerres mondiales.

Une vision globale bien utile pour cerner tous les enjeux

Grâce à votre intuition et à votre capacité à faire des liens à nul autre pareils, vous captez les enjeux de fond, les tendances qui se dessinent. Vous bénéficiez d'une vue d'ensemble très large qui vous permet de cerner une situation dans sa globalité. Cette vision vous permet d'avoir en tête simultanément plusieurs niveaux de réflexion et de faire émerger de nouvelles solutions ou idées. Ce processus vous donne une rapidité de compréhension et d'interprétation à l'origine de votre capacité de recul, d'innovation et d'action. Vous imaginez aisément des solutions simples, novatrices, rapides et efficaces, qui font appel au bon sens et peuvent être mises en place dans un temps record. Vous appréhenderez des situations et des problématiques sous plusieurs angles et dans leur complexité, tout en dégageant une ligne directrice et en simplifiant les procédures.

Cette vision d'ensemble est précieuse pour les entreprises, car elle permet d'agir en concertation avec les autres équipes et départements. Elle est un excellent moyen de lutter contre les organisations complexes, véritables usines à gaz, qui perdent toute cohérence au fur et à mesure de leur montage. Cela évite les déperditions d'énergie dues à l'effet silo. Elle est efficace quand on veut faire des économies, simplifier les procédures, unir les forces pour être plus fort par rapport à la concurrence mondialisée. C'est un atout de taille pour les entreprises d'avoir des personnes qui aient cette capacité.

Un don de visionnaire,
mais nul n'est prophète en son pays…

Grâce à votre 6e sens, l'intuition, vous êtes souvent visionnaire. Vous pressentez les événements avant qu'ils n'arrivent ; les bons et les mauvais… Grâce à vos antennes, vous captez les nouveaux besoins, les nouvelles modes, les tendances, les nouvelles technologies… Vous êtes capable de pressentir le succès d'un produit ou d'une idée. Vous avez raison souvent avant tout le monde ; avant se comptant, suivant les cas, en jours, mois, années, voire décennies. Prévoir les événements est un atout formidable pour anticiper ; mais encore faut-il être entendu et convaincre son entourage. Ne pas l'être est difficile à vivre surtout quand vous voyez se profiler un désastre. À ce titre, le documentaire *Inside Job* montre la surdité du monde de la finance et de l'économie face à la crise majeure qui se profilait. Des spécialistes ont alerté sur les risques de crise financière imminente avant 2008. Aucun n'a été entendu. Ils voyaient le danger arriver, mais les autres n'étaient pas prêts à les entendre. Dans de telles situations, certains finissent par se dire qu'ils s'inquiètent à tort, qu'ils se trompent puisque la majorité pense différemment d'eux. Ils tentent de se rassurer en rentrant dans le rang.

Une grande tolérance

Vous faites généralement preuve d'une grande tolérance aux opinions d'autrui, considérant que tous les goûts et les couleurs sont dans la nature. Vous utiliserez des formules du style : « Je ne sais pas ce que vous en pensez, mais je trouve que… » Vous ne considérerez pas que vous avez la science infuse et vous êtes donc prêt à entendre d'autres sons de cloche que le vôtre, d'autres points de vue. Vous élargirez votre compréhension des autres, ce qui peut faire évoluer, ou pas, votre regard et votre pensée. En tout cas, vous ne chercherez pas à ridiculiser ou à rabaisser l'autre s'il n'est pas d'accord avec vous.

Un goût pour les relations éclectiques

Vous aimez échanger et vous lier d'amitié avec des personnes très différentes de tout âge, style, nationalité, origine sociale… Comme vous êtes curieux, que vous aimez découvrir de nouveaux horizons, vous n'avez pas de mal à vous adapter à d'autres comportements. Vous avez un certain entraînement d'ailleurs puisque vous avez grandi au milieu de personnes qui ne fonctionnaient pas du tout comme vous. De fait, vous êtes plus armé que d'autres pour vivre dans des territoires inconnus, voire hostiles.

→ Une grande exigence qui a ses avantages… et ses inconvénients

Un grand souci de cohérence à assumer

Vous aimez vous sentir aligné, un état où l'on se sent en accord avec soi-même et son environnement. Il procure un bien-être et une sensation de puissance, car tout est à sa place. C'est à la fois un ressenti psychique et physique. Cela passe par la connaissance de soi. Vous pouvez vivre en bonne harmonie avec votre entourage, être authentique, vous montrer tel que vous êtes et être fidèle à vos valeurs. Un état que vous ne pourrez pas atteindre, si vous vous cachez derrière un faux self*, si vous vous mettez des objectifs qui ne vous correspondent pas ou qui sont davantage le reflet des valeurs de votre milieu social, professionnel, familial ou amical.

Une efficacité qui vous rend redoutable !

Vous faites preuve d'une efficacité remarquable et redoutable si vous êtes motivé. Vous aimez que des objectifs soient fixés au départ pour éviter toutes palabres inutiles. Vous détestez les réunions qui durent des heures sans qu'aucune décision ou projet aboutisse. Dans un souci d'efficacité, vous allez chercher comment faire plus vite et mieux. Un consultant racontait qu'il avait du mal à travailler avec des confrères, cerveaux gauches et ingénieurs de haut niveau, car leur pensée séquentielle allait trop lentement pour lui. Il voyait comment faire et désespérait de leur faire comprendre sa vision.

Une grande adaptabilité qui n'est pas la moindre de vos qualités

Vous savez vous adapter à des environnements complexes. La complexité vous stimule d'ailleurs. Vous n'avez pas besoin de savoir à l'avance ce que vous allez faire, car vous avez l'intime conviction que vous saurez vous débrouiller quoi qu'il advienne. André Chieng, dans *La Pratique de la Chine*[1], relate qu'avec d'autres confrères, il devait recruter de jeunes talents polytechniciens. Ses collègues posaient des questions aux jeunes candidats sur leur vision de leur carrière à cinq et dix ans. Pour lui, une telle question n'avait aucun sens, surtout dans un monde où des métiers disparaissent et apparaissent en peu de temps. Lui, préférait se polariser sur la personnalité et la capacité à évoluer et à saisir les opportunités du candidat et s'inquiétait au contraire s'il avait un plan de carrière tout tracé. Vous auriez probablement réagi de la même manière sachant que vous avez une grande aisance à naviguer dans l'incertitude. Ne sachant pas ce que seront vos envies de demain, vous n'avez pas envie de vous projeter à long terme. Il peut se passer tellement de choses ! Cela ne vous soucie pas, pensant que de toute façon vous saurez vous adapter ; contrairement à un neurogaucher* qui aime à planifier et sera davantage déstabilisé si ses plans ne se déroulent pas comme prévu.

Un certain perfectionnisme avec ses plus et ses moins

Paradoxalement, alors que vous avez une vision globale, vous êtes un perfectionniste dans l'âme, du moins quand le sujet vous tient à cœur. Vous avez une grande capacité d'observation en détectant les moindres

---

1. Grasset, 2006.

détails et anomalies. Conjugué à l'intuition, vous détectez très bien tant les risques que les opportunités. Vous allez entrer dans un niveau de détails que la plupart ne voient même pas. Vous ne comprenez pas que vous mettez la barre très haut, avec votre niveau d'exigence et votre conscience professionnelle très élevée. Si vous ratez quelque chose ou si le résultat n'est pas à la hauteur de votre exigence ou de vos souhaits, vous en êtes affecté et pouvez culpabiliser et surréagir par rapport à l'importance de la chose. De là viennent aussi votre modestie ou votre tendance à minorer vos qualités puisque vous voyez les défauts ou les limites de votre travail, que la plupart ne perçoivent pas.

Le perfectionnisme est aussi la signature des grands professionnels. On peut citer Steve Jobs qui veillait toujours à ce qu'une innovation aboutisse à un produit beau et parfait dans ses moindres détails, de manière quasi obsessionnelle et excessive. Il aurait appelé le VP Engineering de Google en pleine nuit parce que le logo de Google sur l'iPhone n'avait pas, selon lui, la bonne nuance de jaune.

Le perfectionnisme peut ainsi vous jouer des tours. Il peut vous faire passer pour faussement modeste ou encore, à vouloir trop entrer dans les détails, à être trop pointilleux, vous devenez moins efficace. Vous perdez du temps alors que l'on ne vous demande pas forcément un travail parfait, particulièrement dans un contexte où les coûts sont serrés. Dans ce cas, il est urgent de lâcher prise et d'accepter un certain niveau d'imperfection. Ayez également en tête que l'idéal et la perfection provoquent l'ennui.

Un sens critique aiguisé

Avec votre intuition et votre côté perfectionniste, vous avez un sens critique très aiguisé qui vous rend très exigeant. Vous détectez les failles d'un système, le manque d'authenticité d'une personne… en un dixième de seconde. Vous mettez donc la barre très haut. Non pas parce que vous êtes méprisant, mais simplement parce que vous faites immédiatement la différence entre la qualité et la médiocrité. On peut vous le reprocher, mais vous n'y pouvez rien.

Une capacité à reconnaître ses erreurs

Vous êtes capable de recevoir des feed-back pour progresser et vous améliorer. Vous reconnaissez aisément vos limites et vos torts. C'est une force, car cela vous permet de vous remettre en question, de progresser et d'être en cohérence avec votre honnêteté et votre humilité. Vous êtes capable de présenter vos excuses, même si votre orgueil en prend parfois un coup. En revanche, une telle attitude, si elle est louable, peut vous fragiliser dans certaines circonstances, par exemple, quand vous êtes face à des personnes malhonnêtes ou à celles pour qui avouer une faute est une marque de faiblesse ; ceux-là veulent dominer, montrer leur force (du moins apparente). Une telle personne ne comprend pas les rapports de force et cherche à impressionner et à faire régner la terreur. Elle cache ainsi bien souvent une blessure et une fragilité intérieure considérable. Mieux vaut réagir de manière subtile pour ne pas subir de représailles. Dans ce cas, mieux vaut changer de tactique et probablement louvoyer pour rester en accord avec sa conscience, mais sans excès…

Vous pouvez être confronté à des individus qui ne reconnaîtront jamais leurs erreurs, en dépit de toutes les évidences. La blessure d'amour-propre serait telle qu'ils préféreront être d'une mauvaise foi absolue. Face à ce type d'individus, tâchez de contourner l'obstacle, car ils sont en béton armé ! Rien ne les fera changer d'avis.

Des valeurs et une éthique fortes à porter

Vos valeurs sont fortes. C'est un point important à prendre en compte pour votre entreprise ou votre entourage professionnel. Il semblerait en effet que l'inadéquation d'une personne avec les valeurs de son entreprise soit à l'origine d'un tiers des échecs de recrutement. Faire quelque chose de contraire à votre éthique peut vous ébranler et vous mettre en danger. Ceci explique pourquoi, même si vous aimez être très entouré, vous êtes assez sélectif dans vos contacts. Vous ne supportez pas le mensonge, la mauvaise foi, les contre-vérités, la traîtrise, l'absence de respect pour les autres…

Cela heurte tellement vos valeurs que vous éprouvez un besoin viscéral d'agir pour tenter de rétablir de l'équité. Avec votre côté un brin incorruptible, vous ne pouvez pas faire fi de vos convictions, car vous perdriez alors le sens de votre travail, qui est un élément et un carburant essentiel pour votre efficacité.

Votre côté idéaliste et votre ouverture aux autres vous font parfois passer pour quelqu'un de naïf. C'est vrai que vous aimeriez que tout le monde se comporte de manière plus respectueuse, altruiste et tolérante. Comme bien souvent ce n'est pas le cas, non seulement cela heurte votre sensibilité, mais vous ne comprenez pas non plus l'intérêt de tels comportements. Le monde pourrait être tellement plus agréable avec des personnes de bonne volonté et bien intentionnées.

Un sentiment aigu de la justice

L'injustice vous révolte. Vous aurez tendance à défendre une personne ou une équipe, même au détriment de vos intérêts et de votre carrière. Cela fait de vous un potentiel lanceur d'alerte parce que vous vous sentez un devoir de le faire. Vous pouvez devenir une sorte de Robin des Bois qui met toute son énergie à réparer les injustices, souvent au détriment de vos propres intérêts. Votre combat ressemble par moments à la lutte de David contre Goliath.

Un respect des règles et de l'autorité... de compétence

Vous ne vous souciez guère des règles et des liens hiérarchiques quand ils n'ont pas de sens pour vous. Vous échangez sur un pied d'égalité avec votre interlocuteur, quel qu'il soit. Pour vous, tout le monde a sa place à condition d'être respectable. Vous aimez le parler-vrai. Certaines personnes vont apprécier cela, trouver enfin quelqu'un qui leur résiste et qui n'est pas un courtisan. En revanche, vous risquez d'avoir des problèmes face à des personnes plus rigides, ou très politiques ou franchement incompétentes. Dans certains environnements où le respect de la voie hiérarchique est important, vous n'avez aucun espoir d'être accepté et encore moins écouté, si vous ne respectez pas les codes et les usages. Autant partir, avant d'être éjecté du système.

De la finesse et de la profondeur qui vous rendent attachant

Une recherche permanente de sens

Enfant, vous vous interrogiez sur l'univers, l'histoire, la mort, les civilisations anciennes et vous aimiez probablement écouter les conversations des adultes. Devenu adulte, vous ne supportez pas longtemps les bavardages qui vous ennuient et vous lassent vite. Vous êtes donc très sélectif dans le choix de vos amis. Plus que tout autre, vous avez besoin de sens. Avec vous, tout ou presque est sérieux. Vous ne faites pas les choses à moitié, car vous avez besoin de fond, de matière. Vous aimez les débats existentiels, les discussions profondes. Vous vous interrogez sur le sens de la vie, vous vous intéressez à ce qui se passe sur la planète. Vous vous passionnez pour la culture, la littérature, l'art, etc.

Faire une chose qui n'a pas de sens pour vous n'est pas dans votre ADN ; aussi, suivre des règles, des process, des cadres rigides, quand ils n'ont aucun sens et ni aucune logique pour vous, vous est quasiment impossible et si vous le faites, cela sera au prix d'une énergie considérable et contre-productive. Quand il n'y a pas de sens, il y a de la souffrance. Un jeune diplômé travaillant dans une boutique d'une grande multinationale américaine comme technicien-conseil remarquait : « Ici c'est l'enfer. C'est le prêt-à-penser. On joue les jeunes sympas, dynamiques, connectés, toujours aimables et prêts à rendre service à nos clients. Mais la réalité pour nous est sombre. Nous vivons dans un vide sidéral avec de faux discours. Moi, je peux encore m'échapper dans la musique et je sais que je pourrai faire autre chose plus tard, mais certains sont coincés ici ; beaucoup d'entre nous souffrent et aspirent à plus de liberté et d'humanité. »

Dépenser inutilement du temps et de l'argent vous est insupportable. Rien ne vous révolte plus que de voir des projets qui n'aboutissent pas, faute de personnes prêtes à prendre des risques ou des décisions, ou lorsque vous voyez se construire de véritables usines à gaz, alors que vous avez mille idées pour ébaucher une structure plus simple et plus efficiente. Vous êtes tout aussi choqué si des analyses poussées, des études sophistiquées sont finalement soigneusement remisées dans un placard parce que aucun leader ne décide d'en faire quelque chose.

Un sens des mots et des nuances

Vous vous faites souvent remarquer par votre manière de parler. Grâce à un vocabulaire extensif, vous vous exprimez avec des subtilités de langage. Vous cherchez le mot juste pour mettre nuance et complexité dans vos propos ou vos pensées. C'est à la fois une grande force et une difficulté pour communiquer avec les autres qui ne possèdent pas cette subtilité, cette finesse, ni votre sens des nuances, et transforment et appauvrissent votre pensée. Tocqueville disait très justement : « Une idée simple, mais fausse aura toujours plus de poids dans le monde qu'une idée vraie, mais complexe. » Pour éviter que votre interlocuteur ne perde une partie de votre message, déforme ou caricature vos paroles, vous pouvez limiter cet écueil en agrémentant vos propos d'exemples concrets, de métaphores, de symboles ou d'images.

→ Des relations particulières aux autres et au monde

Une grande empathie appréciable par tous

Votre empathie vous rend très sensible aux atmosphères, aux humeurs et à l'harmonie. Vous êtes une véritable éponge. Vous captez les signaux non verbaux et sentez immédiatement si le climat est hostile, agressif ou, au contraire, serein et positif. Vous vous mettez facilement à la place des autres, pour regarder la situation de leur point de vue, autant que du vôtre. Cela fait de vous un possible médiateur et coordinateur, à condition que vous mettiez vos affects de côté.

En position de management, votre empathie venant de votre hypersensibilité vous pousse à vous préoccuper du bien-être de votre entourage, de vos équipes, trop souvent avant même de vous préoccuper de vous-même.

Vous pouvez déplorer que ce soit presque toujours à vous de faire un effort de compréhension, la réciproque étant rare. Rappelez-vous que les cerveaux gauches ne réagissent pas comme vous. Ils restent dans leur logique. Ils auront beaucoup plus de mal à se mettre à votre place. Mieux vaut en prendre son parti.

Cette hyperempathie peut aussi vous faire facilement culpabiliser. Un dirigeant racontait qu'il souffrait dans son poste où il n'avait pas les moyens de mettre en place ce qu'il lui semblait bon de faire et qu'il souhaitait, du coup, partir. Il allait le faire, mais non sans culpabilité vis-à-vis de sa hiérarchie dont il sentait qu'elle était au bord du *burn out*. Il se sentait un peu coupable de l'abandonner en la laissant seule face aux grosses difficultés qu'elle avait à affronter. Pour autant, il se rendait compte que chacun devait faire face à ses propres difficultés et prendre des décisions pour se préserver.

Un vrai souci de l'intérêt général et de l'entreprise : faites-le savoir !

Si vous aimez avancer et déblayer le terrain seul, vous aimez aussi mettre en œuvre un projet avec d'autres. Votre objectif est la réussite collective. C'est ce qui avait motivé Aimé Jacquet quand il avait composé son équipe en préparation de la Coupe du monde de football de 1998. Le sélectionneur français s'était violemment fait critiquer pour sa sélection de joueurs, car au lieu de choisir des vedettes, il avait privilégié les joueurs pouvant bien communiquer entre eux. La suite lui a donné raison puisqu'il a conduit son équipe de France vers la victoire.

La réussite collective et la préservation de l'intérêt général sont des moteurs pour vous. Ce fonctionnement permet de contrecarrer la tendance au repli sur soi et à l'individualisme impulsée dans les années 1990, amplifiée par l'arrivée des générations X et Y.

Une hypersensibilité : une qualité qui peut aussi vous jouer des tours

Tout est plus intense, plus fort, plus marqué chez vous. Vous êtes souvent à fleur de peau : une critique, une remarque ou un ton de voix désagréables, une méchanceté, une plaisanterie, une incivilité, un manque de respect, un égoïsme forcené, une moquerie… vous touchent tout particulièrement et parfois de manière démesurée. Vous riez ou pleurez ou avez facilement la larme à l'œil. Vous êtes ainsi plus émotif, plus impatient, plus généreux, plus exigeant, plus anxieux, etc. L'intensité de vos émotions se reflète dans vos relations aux autres, surtout que vous êtes souvent très empathique (voir le paragraphe sur l'empathie). Si elle peut se traduire par une grande délicatesse, de la compassion, elle transparaît en négatif sous forme de grande susceptibilité et de sautes d'humeur. Elle peut aussi vous faire perdre vos moyens. Vous mettez souvent trop d'affects dans vos relations aux autres, sans savoir vous protéger. Vous pouvez démarrer au quart de tour, être blessé pour un rien. Vous pouvez pleurer ou sursauter plus facilement que la plupart des gens. Si votre hypersensibilité vous rend attachant, elle peut aussi vous nuire face à des personnes mal intentionnées ou sans vergogne. On verra notamment les dégâts que peuvent occasionner des pervers sur des personnalités telles que la vôtre.

Une hyperesthésie : utile et agréable ou pas…

Vous êtes généralement hyperesthésique, c'est-à-dire que vous avez une hypersensibilité de vos cinq sens. Une lumière trop vive, un son trop fort, une odeur trop violente… vous agressent plus que la moyenne. Il vous est probablement arrivé d'entrer dans un magasin trop bruyant, trop sombre et d'avoir une pensée attristée pour les vendeurs qui y travaillent. Vous avez un goût esthétique souvent très développé ; vous êtes particulièrement sensible au beau ou au laid, à votre environnement de travail, à l'art, à la décoration, à la mode… Un parfum subtil, une belle lumière, une musique envoûtante, un toucher délicat, un goût exquis vous transporteront plus que tout autre. Vous aimez à porter des vêtements qui ont un toucher doux et agréable, à choisir un parfum délicat. Vous êtes sensible à la cuisine, au goût des bonnes choses. Nous verrons que vous n'êtes pas des hommes/femmes d'argent, mais que vous avez souvent des goûts de luxe, parce que vous êtes sensible à la qualité et aux belles choses.

Un sentiment d'étrangeté : mais non, vous ne venez pas d'une autre planète !

Le sentiment d'étrangeté est pour beaucoup d'entre vous le prix à payer. Comme le vilain petit canard de la fable d'Andersen ou le Petit Prince de Saint-Exupéry, vous avez l'impression de venir d'une autre planète, d'être décalé, de ne pas être à votre place. Vous peinez à trouver des semblables, des amis ou un conjoint, qui puissent partager vos centres d'intérêt et votre vision du monde. Malgré vos efforts pour aller vers les autres, vous n'entrez pas dans le moule. Vous avez, par moments, le sentiment d'être rejeté, d'agacer ou de susciter de l'incompréhension, de l'agressivité ou de la jalousie.

Un besoin de partage et un sens de la pédagogie

En général, vous êtes pédagogue et vous aimez à transmettre et à faire profiter les autres de votre savoir ; même si certains d'entre vous n'ont peut-être pas la patience de transmettre à des personnes moins rapides qu'eux. Vous pouvez aussi avoir du mal à percevoir la difficulté de compréhension des autres. Vous aimez à partager, beaucoup plus qu'avoir le pouvoir. C'est aussi une manière pour vous d'élargir le champ de vision des autres et donc d'accroître le nombre de personnes avec lesquelles vous pourrez échanger et dialoguer.

Un savant comme Pierre-Gilles de Gennes[1] avait un sens pédagogique incroyable. Sa femme rapporte que « ce qu'il y avait de formidable avec lui, c'est que lorsqu'il vous expliquait quelque chose, même dans un domaine auquel vous n'entendiez rien, vous vous sentiez intelligent, car vous arriviez à comprendre, grâce à lui, quelque chose de compliqué ». Pensez à cet exemple si vous vous retrouvez face à une personne devant laquelle vous vous sentez stupide, car quelqu'un de profondément intelligent et bienveillant ne vous fait pas vivre ce genre de situation. Au contraire, vous vous sentez bien en sa présence, et non petit et stupide.

Une générosité spontanée

Vous aimez à partager, à partager votre savoir, à aider, à rendre service... Spontanément, gratuitement, sans contrepartie, simplement parce que vous trouvez cela utile et efficace. Pour vous, tout le monde y gagne... sauf que tout le monde ne le fait pas et que trop souvent le mouvement est unilatéral. Ne soyez pas étonné si vous aidez une personne et que le lendemain elle vous trahit. L'ingratitude existe. Tout le monde n'est pas comme vous. Veillez à le faire avec des gens qui sont dans un esprit de réseau « je donne – je reçois ».

Un sens de l'humour particulier

Un exemple pour illustrer cette particularité, encore Churchill. Il était bien connu pour son incroyable sens de l'humour et du verbe, avec des formules qui ont fait mouche. L'humoriste Thierry Le Luron en

---

1. Physicien français, Pierre-Gilles de Gennes (1932-2007) a reçu le prix Nobel de physique en 1991 pour ses travaux sur les cristaux liquides et les polymères. Ses contributions ont inspiré et généré de très nombreuses études relevant tant de la physique et de la physico-chimie fondamentales que des sciences appliquées.

était aussi un parfait exemple. Un neurodroitier peut avoir tendance à manier l'ironie, l'autodérision ou l'humour acéré et décapant pour se défouler. Parfois son humour peut être très particulier, très personnel et un peu décalé. Si c'est votre cas, il vous est peut-être arrivé d'être le seul à rire de votre histoire ou de votre blague.

→ Des comportements et des besoins qui vous distinguent

Un besoin de mener plusieurs projets de front

Une tâche ne vous suffit pas. Vous aimez à mener plusieurs projets de front, à traiter beaucoup de sujets en parallèle, que des décisions soient prises, des actions mises en œuvre pour passer au sujet suivant. C'est d'ailleurs comme ça que vous êtes le plus efficace. La diversité vous ressource. Vous puisez de l'énergie et des idées dans le fait d'être très occupé, voire débordé. Ce foisonnement de projets stimule votre motivation et vous protège de l'ennui. Vous ne ressentez pas la fatigue, car l'enthousiasme dégagé vous nourrit et vous dynamise. Vous remarquerez aussi que les idées viennent davantage sur un sujet quand vous êtes concentré sur un autre. Elles surgissent davantage en situation de lâcher-prise, quand notre cerveau n'est pas sous pression. C'est pourquoi faire des *brainstormings* pour en trouver de nouvelles n'est pas aussi efficace que l'on pourrait le croire.

Un goût pour le changement et les défis

Vous aimez le changement. Vous avez besoin de renouveau. L'inaction sur une longue durée ne vous convient pas. Vous pouvez vous épuiser si vous n'avez rien à faire, ou plutôt rien de difficile ou d'excitant. Agir dans un contexte mouvant, incertain et difficile ne vous perturbe pas, bien au contraire, car vous savez voir et saisir les opportunités.

Le plaisir comme moteur

Quand une chose vous plaît et suscite votre intérêt, votre énergie est décuplée, vos yeux brillent et l'on ne vous arrête plus. Le plaisir est votre carburant et vous ferait déplacer des montagnes. Vous donnez alors le meilleur de vous-même sans compter. Vous vous dites souvent paresseux. Si vous avez beaucoup de facilité à apprendre, à comprendre et à enregistrer, vous pouvez en effet avoir tendance à vous reposer sur vos lauriers, à ne pas avoir le goût de l'effort. Vous cherchez des méthodes efficaces pour réaliser des tâches en un minimum de temps, ou bien parce que vous avez du mal à vous y mettre et faites traîner les choses. Peut-être aussi vous définissez-vous comme paresseux parce que vous apprenez mieux de manière ludique et refusez tout effort inutile. Dans votre esprit, si vous vous amusez, c'est que vous ne travaillez pas ! Cette impression d'être paresseux me semble également venir, dans nos cultures, de l'association inconsciente du travail avec les notions d'effort et de souffrance ; le travail étant considéré comme une punition après qu'Adam et Ève ayant succombé à la tentation en mangeant la pomme ont été condamnés au travail.

Une motivation indispensable

Votre capacité d'attention et votre persévérance sont fortes si l'intérêt y est ; elle est faible, voire nulle, sinon. En tout cas, vous n'êtes pas de ceux qui peuvent apprendre et faire un effort par devoir. Pour que votre cerveau s'active, il faut que votre intérêt soit sollicité, que vous trouviez du sens à ce que vous devez apprendre. Sinon, votre cerveau fait obstruction.

Votre enthousiasme peut disparaître aussi vite qu'il est apparu, surtout si vous avez détecté une faille. Vous apparaissez alors dans toute votre complexité, car il est difficile d'avoir une idée précise de vos goûts et de vos passions qui peuvent être plus ou moins durables – vous êtes vite enthousiasmé, vite déçu.

Certes vous travaillez vite et efficacement, pour autant, ne vous reposez pas trop sur vos lauriers ; développez et faites fructifier vos talents. Ils ne peuvent être valorisés sans un minimum d'effort. Et si vous nourrissez de grandes ambitions, vous devrez travailler beaucoup.

Un grand besoin de mouvement

Nombre d'entre vous ont besoin de bouger, de mouvement. Ils ne tiennent parfois pas en place. Passer toute une journée assis à son bureau devant un écran est inconcevable. Être dans un espace clos est pour eux l'équivalent d'être dans une prison. N'oubliez pas que vous trouvez davantage d'inspiration en vous déplaçant, en marchant, en observant ce qui se passe à gauche et à droite, en étant ou non dans la nature, en échangeant avec d'autres...

Une formidable énergie

Certains d'entre vous ont une énergie hors du commun. Vous êtes d'ailleurs rarement fatigué et avez souvent besoin de peu d'heures de sommeil. Vous débordez d'énergie pour les sujets et les projets qui vous intéressent, à condition d'avoir des tâches variées pour vous ressourcer. C'était très net chez Churchill qui suivait un nombre impressionnant de sujets, dormait à peine quelques heures (même s'il faisait des siestes !), usait son entourage qu'il sollicitait jusqu'à une heure avancée de la nuit. Cette capacité de travail, cette force physique sont un atout considérable. Vous ne renoncerez à une tâche qu'après avoir déployé des efforts parfois titanesques pour arriver au bout de votre idée et de vos capacités.

Un côté inclassable, décalé, original, complexe

Difficile de vous définir en quelques mots, car vous êtes complexe, inclassable et atypique. Vous ne jouez pas à être décalé, différent ou original, vous l'êtes naturellement, profondément et intrinsèquement. Vous ne pouvez vous confondre avec ceux qui jouent à être différents, volontairement provocateurs ou faussement originaux. Ce qui ne veut pas dire que votre non-conformisme saute aux yeux des autres.

Vous pouvez être un véritable poil à gratter pour un cerveau gauche qui rêverait de vous mettre une étiquette et dans une case, et qui n'y arrive pas ou s'il tente de le faire, se trompe à tous les coups.

Un goût pour la complexité

Si vous aviez une devise, ce serait « Pourquoi faire simple quand on peut faire compliqué ». À une question simple, vous pouvez donner une réponse très complexe, car vous examinez un aspect qui vous amène à en voir un autre, puis un autre, puis un autre… Votre réponse peut alors tenir en plusieurs pages. De digression en digression, une idée en appelant une autre, vous êtes entraîné dans une tâche titanesque.

À l'inverse, vous pouvez être incapable de délayer, d'expliquer un problème ou une situation quand la réponse vous paraît couler de source. D'ailleurs, il vous est arrivé de ne pas comprendre une consigne, à l'école ou plus tard professionnellement, car elle n'avait pas de sens pour vous ; la réponse était trop évidente.

Un côté imprévisible

Votre cerveau bouillonnant d'idées, vous ne savez pas à l'avance quel va être votre programme, ce que vous allez faire dans les cinq minutes qui suivent, par où vous allez commencer. Ce côté imprévisible peut être très attirant, car vous réservez toujours des surprises, moins amusant pour ceux qui voudraient anticiper autour de vous et s'organiser. L'avantage est que cela vous rend insaisissable, ce qui peut avoir du bon face à des personnes mal intentionnées. Pensons au tueur à gages embauché pour éliminer Robert Redford dans l'excellent film de Sydney Pollack *Les Trois Jours du condor*. Après l'avoir raté une première fois, il prévient son commanditaire que cela risquera de lui prendre du temps, car Redford joue un personnage qui se sait traqué et devient totalement imprévisible.

Chapitre 4

Le revers de la médaille

Vos qualités génèrent paradoxalement de la frustration et même de la souffrance. Voici quelques-uns des maux qui vous guettent. Nous les reprendrons dans le chapitre suivant pour donner en même temps des idées pour y remédier.

→ Votre vie n'est pas toujours un long fleuve tranquille

Un mal-être parfois profond

Du fait de vos difficultés de communication, des réactions de rejet que vous suscitez, vous avez très souvent un grand déficit de confiance en vous et une difficulté à trouver votre place. Vous n'avez bien souvent pas pris conscience de vos talents et avez une fâcheuse tendance à vous sous-estimer, tout en surestimant les autres. Si vous réussissez, au lieu de renforcer votre confiance en vous, comme le voudrait la logique, vous êtes au contraire tenaillé par un sentiment d'imposture. Ce que vous faites n'est jamais assez bien à vos yeux et vous avez une phobie de l'échec. Votre hypersensibilité, votre susceptibilité, votre sentiment latent de culpabilité renforcent encore votre vulnérabilité.

Si vous avez accumulé des déboires ou des échecs ou avez été souvent ostracisé ou que vous ne pouvez pas utiliser vos capacités de réflexion, votre intelligence, vous ressentez un sentiment d'échec personnel latent et une énorme frustration et, par moments, vous êtes submergé par un sentiment de gâchis, de tristesse, d'abattement.

Un brin (ou très) autocentré

À force de lutter dans un monde où vous avez du mal à trouver votre place, vous êtes parfois très autocentré. Cela peut paraître paradoxal puisque nous avons dit que vous étiez empathique et tourné sur les autres. En fait, avec votre mental omniprésent, vous avez tendance à fonctionner en circuit fermé, allant même dans les cas extrêmes jusqu'à des tendances autistiques. Vous pouvez aussi vous être replié sur vous-même et ne vous préoccuper que de vous-même si vous êtes submergé par les difficultés, si vous n'arrivez pas à vous réaliser.

Une dévalorisation chronique

Vous avez souvent l'art de vous déprécier. Si vous réussissez, vous vous dites que vous avez eu de la chance. C'est très agaçant pour ceux qui souhaiteraient que vous soyez plus réaliste et que vous reconnaissiez vos connaissances, vos compétences et votre travail. C'est de la modestie mal placée ; vos détracteurs pourraient la qualifier à tort de fausse modestie.

Pour votre défense, on peut penser que vous avez conscience que votre savoir et vos compétences représentent en réalité une goutte d'eau dans l'océan. Ce que Charles de Montesquieu résumait en disant : « Il faut avoir beaucoup étudié pour savoir peu. » À l'opposé, vous remarquerez que celui qui n'a pas autant de connaissances/compétences que vous, aura tendance à se surestimer. Alors, arrêtez de justifier vos succès par la chance ! Essayez d'être lucide et de rester factuel.

Une modestie excessive

Difficile de vous convaincre de la qualité de votre intelligence. Quand on essaie de vous en convaincre, vous offrez souvent une forte résistance. Vos réactions pourraient se résumer ainsi : « Oh non, j'ai une intelligence tout ce qu'il y a de plus normale », « Il y a plein de monde qui réussit beaucoup mieux que moi », « Personne ne m'écoute », « Je n'arrive pas à me faire entendre ni à convaincre », « Mes interlocuteurs me regardent comme si j'étais stupide parfois avec mes idées saugrenues », « Je ne gagne pas bien ma vie », « J'ai l'impression d'être toujours décalé par rapport aux autres… ».

Même quand ils ont passé des tests de QI et obtenu des résultats très élevés, confirmant qu'ils sont surdoués, ils continuent à minimiser leur intelligence. Ainsi Sophie, à qui l'on explique qu'elle entre tout à fait dans la description des cerveaux droits s'exclame : « Oh non, non, non ; je ne suis pas si douée que ça. Je n'ai obtenu qu'un score de 140 (130 est considéré comme le chiffre au-delà duquel vous êtes tenu pour surdoué). J'ai plein de gens autour de moi qui ont obtenu beaucoup plus, jusqu'à 155. »

En fait, la plupart d'entre vous se sentent tellement décalés par rapport à leur entourage qui leur renvoie quotidiennement leur étrangeté. Ils ne peuvent donc s'imaginer que ce sont leurs richesses qui engendrent cette réaction, et non leurs manques.

Nathalie, consultante en informatique et en immobilier, qui échange et est écoutée par les plus grands noms de la profession, fourmille d'idées innovantes, a une culture encyclopédique, des centres d'intérêt extrêmement variés, une grande sensibilité artistique, se rebiffe si on lui parle de ses talents. Son argument à elle était : « Impossible ! je suis incapable de gagner de l'argent. » Et pour cause, elle donne d'excellents conseils et idées au lieu de les vendre !

On pourrait également évoquer Thomas, responsable des ressources humaines. Il trouve une solution en quelques minutes quand deux de ses confrères la cherchent depuis plusieurs semaines. Mais ne lui dites pas qu'il est génial, car pour lui la réponse était simple et tellement évidente qu'il n'a aucun mérite. Nous pourrions multiplier les exemples à l'infini. Tous sont trop modestes, car ils ne comprennent pas que ce qui est facile pour eux, ne l'est pas du tout pour les autres. De fait ils ne tirent aucune gloire de leurs talents.

Peu de certitudes, beaucoup de doutes

Vous avez certainement rencontré des gens qui savent tout, mais qui ne comprennent rien, de votre point de vue en tout cas ! Vous avez également croisé des personnes qui ont une grande assertivité et vous donne une impression de force. Vous enviez probablement ce que vous prenez pour une grande confiance en soi et vous admirez leur assurance, du moins apparente. Mais si vous réfléchissez un peu et si vous êtes honnête avec vous-même, peut-être vous rendrez-vous compte que vous n'êtes pas forcément d'accord avec eux.

À l'inverse, vous n'êtes pas dénué d'opinions, de points de vue, mais vous êtes facilement pris de doutes, surtout si vous êtes le seul contre tous à les défendre. L'avantage de douter est que vous avez la capacité à vous remettre en cause. Douter permet aussi d'approfondir sa réflexion, de peser le pour et le contre, d'apporter des nuances, de faire évoluer son point de vue. Le doute est donc très utile, à condition qu'il ne soit pas un censeur ou un inhibiteur. C'est une question de dosage. Il faut juste que cela ne vous empêche ni d'agir, ni d'avancer.

Entre colère, violence et dépression

La psychologue, psychothérapeute et auteure Alice Miller a beaucoup écrit sur le drame de l'enfant doué, qui est d'ailleurs le titre de l'un de ses livres. Elle a observé que les enfants ayant souffert de rejets, parce que différents, peuvent, devenus adultes, retourner la colère et la violence soit contre eux, comme Kafka, Nietzsche…, soit contre les autres, comme Hitler ou Staline. En travaillant sur leur histoire de vie, la psychanalyste souligne qu'ils ont tous fait très tôt l'expérience de la violence, de l'humiliation, du rejet, du mépris et de la maltraitance. Les deux auteurs n'ont jamais réussi à dépasser leur douleur et ont vécu une vie de souffrance. Quant aux deux dictateurs, le jour où ils ont pu prendre leur revanche, ils n'ont eu de cesse d'anéantir et d'exercer un pouvoir démesuré ; démesuré comme pouvait leur paraître, avec leur regard d'enfant, le pouvoir qu'exerçaient sur eux leurs parents ou proches, avec l'incapacité, du fait de leur jeune âge et de leur vulnérabilité d'alors, de trouver une quelconque échappatoire.

Heureusement, sans aller jusqu'à ces extrêmes, vos réactions quotidiennes peuvent se traduire diversement par le fait de râler sans cesse contre tout et tous, de surréagir à la moindre incivilité et injustice, de devenir amer, aigri et hypercritique, ou de basculer dans le cynisme.

Même si vous n'en laissez rien paraître, la réalité vous déçoit souvent. Vous êtes facilement pessimiste, anxieux, angoissé, ce qui vous rend particulièrement vulnérable au stress, au *burn out*. Vous pouvez également souffrir du *bore out*, c'est-à-dire ressentir un ennui considérable qui vous mine. Les décisions et les projets ne vont pas assez vite...

Vous avez aussi tendance à vous refermer sur vous-même dans un mouvement de protection face à un monde où vous cherchez en vain votre place. Vous êtes généralement un peu cyclothymique et sujet à des moments de grosses déprimes, surtout si vous avez été un peu trop enthousiaste et euphorique. Ce n'est alors pas rare que vous traversiez des épisodes dépressifs, voire que vous ayez des pensées suicidaires.

→ Faire face à une incompréhension mutuelle

De l'incompréhension allant jusqu'au mépris

Votre pensée en arborescence et votre intuition peuvent donner l'impression que vous êtes quelqu'un d'hyperactif, de brouillon, de peu logique, de confus, de dispersé, d'impulsif, d'impatient, de peu concentré, de peu ou pas organisé, qui survole les choses, va trop vite, bâcle son travail, n'approfondit pas suffisamment les sujets. Vous pouvez aussi paraître trop direct, trop spontané, distrait.

Vous êtes bien souvent de grands incompris, car votre entourage perçoit souvent plus vos défauts que vos qualités. Vous avez une relation au temps compliqué, car vous avez toujours envie d'en faire le plus possible dans un minimum de temps. Votre largeur de vue n'est pas sans vous poser des problèmes face à des neurogauchers qui n'ont pas cette capacité. Vous avez beaucoup d'énergie, mais votre rythme est souvent irrégulier, au gré de vos humeurs et de vos inspirations.

Pour peu que vous n'ayez pas fait de brillantes études, que vous vous cherchiez, que vous ne fassiez pas le métier dont rêvaient vos parents, que vous n'ayez pas la carrière que vous imaginiez ou que vous n'ayez pas rencontré le succès que vous espériez, vous pouvez être ou avoir été confronté au mépris.

En pratique, un mur d'incompréhension se dresse souvent entre les intuitifs/innovants et les analytiques/logiques. Or, idéalement, il faudrait que cerveaux gauches et cerveaux droits reconnaissent mutuellement leurs qualités, pour collaborer et respecter l'autre dans sa différence. Leur alliance formerait alors un cocktail gagnant de par leur complémentarité de vision, d'approche et de pensée. Chacun conserve sa préférence pour un type de comportement qui constituera sa zone de confort, mais fait un pas vers l'autre, en développant des qualités de l'autre qu'il n'a pas ; à savoir, pour les cerveaux droits, apprendre à s'organiser, à se structurer, à se discipliner et à convaincre ; pour les cerveaux gauches, apprendre à développer leur créativité et leur intuition.

L'avantage pour les « cerveaux droits » est leur ouverture d'esprit et leur habitude de naviguer dans un monde différent du leur. L'avantage pour les « cerveaux gauches » est de vivre dans un monde où ils sont majoritaires.

Ce que pensent les cerveaux droits des cerveaux gauches

Les cerveaux droits pensent que les cerveaux gauches sont incapables de sortir des sentiers battus, sont dépourvus d'imagination ; ont une idée et n'en démordent pas ; n'ont pas d'ouverture d'esprit ; ne se mettent pas à la place des autres ; sont incapables de se remettre en cause ; n'écoutent personne ; n'ont aucune empathie ; sont formatés ; ne voient pas les évidences ; n'ont pas de vision ; sont égoïstes et égocentriques ; n'ont aucun sens de l'intérêt général ; ne se préoccupent pas des autres. Et, *last but not least*, qu'ils construisent des usines à gaz et, malgré leur esprit parfois brillant, mais séquentiel, ils ne vont pas assez vite.

Ce que pensent les cerveaux gauches des cerveaux droits

Les « cerveaux gauches » penseront des « cerveaux droits » qu'ils sont étranges, pour ne pas dire stupides, dispersés, rêveurs, contemplatifs, peu structurés, avec des idées saugrenues, pas fiables, manipulables... Ils auront parfois peur d'eux quand ils sentiront que leurs idées peuvent menacer leur routine ou leur pouvoir. Ils peuvent croire qu'ils recherchent le pouvoir.

S'ils reconnaissent leur intelligence – ce qui n'est pas toujours le cas –, ils les trouveront ingérables, inorganisés, brouillons, compliqués, originaux, rêveurs, utopistes, trop dispersés, différents, trop bizarres, étranges. Ils ne voient, en fait, ni vos richesses, ni votre ouverture d'esprit, ni toute votre subtilité, ni votre inventivité (ou alors pour la critiquer)...

→ De l'inertie à la franche hostilité

« Il faut encourager les atypiques et les protéger de la tyrannie de la moyenne », remarque Gary Hamel, directeur du MLab, laboratoire de recherche sur les pratiques managériales innovantes en Californie. La tâche n'est pas simple. Comme nous l'avons vu, paradoxalement, alors que vous êtes ouvert aux autres et bienveillant et que vous jouez collectif, ils suscitent assez souvent des réactions négatives, de rejet, voire d'agressivité. En réalité, vous en dérangez plus d'un. Ils sont de plusieurs sortes : vous avez ceux à qui vous faites peur, qui ne vous comprennent pas, qui n'adhèrent pas à vos idées et déploient alors une grande force d'inertie pour que rien ne change ; les petits chefs qui rêveraient de vous mettre au pas ; les ambitieux moins talentueux ou moins innovants que vous qui souhaiteraient vous empêcher de briller et récupérer ce que vous faites pour leur propre mérite ; les envieux et les jaloux qui ne supportent pas de voir vos facilités, votre intelligence ou votre réussite et, enfin vos prédateurs, les pervers, qui chercheront à vous vampiriser, à vous détruire et vous verront souffrir avec un malin plaisir. La lecture de livres et dossiers sur la perversion et le harcèlement moral peut vous aider à vous en convaincre (voir Bibliographie).

Les incompétents, les routiniers, les profils « classiques » et les paresseux

Votre rapidité intellectuelle ne vous vaut pas que des amis. Elle peut aussi inquiéter et vous jouer des tours fâcheux, vous créer de solides inimitiés. Paradoxalement, cela vient parfois de la part de personnes que vous avez aidées. Pourquoi ? Parce qu'elles vous ont montré leurs fragilités, parce qu'elles se sont confiées, parce que vous avez trouvé une idée qu'elles n'ont pas eue, etc. Certains ont peur que vous leur fassiez de l'ombre. Vous êtes « dangereux » pour eux, car vous pourriez servir de révélateur à leur incompétence ou à leur moindre compétence.

Vous pouvez aussi être taxé de farfelu, de fauteur de troubles, de bizarre, de rebelle, d'empêcheur de tourner en rond… Vous pouvez être accusé d'être léger et inutile. Car si l'on admire le créatif qui trouve des solutions aux problèmes insolubles, on oublie souvent que la créativité implique d'être un peu « hors norme » et de remettre en cause le *statu quo*.

Vous aimez la prise de risque que vous voyez comme une opportunité, alors que la plupart des individus ne voient que l'autre aspect, le danger. L'idéogramme chinois représentant le risque réunit ces deux facettes. Le risque présente donc pour beaucoup des changements qu'ils ne maîtrisent pas et donc un danger, même si, pour vous, vous voyez davantage l'opportunité. Face aux changements, vous allez vous adapter, quand d'autres vont jouer la carte de l'immobilisme ou mettre toute la mauvaise volonté du monde pour les freiner, voire les saboter. Vous, vous voulez changer, augmenter l'efficacité, imaginer d'autres manières de faire. Vous avez des idées pour faire les choses différemment, pour les améliorer, quand d'autres sont contents d'être dans un univers où ils ont leurs repères, leurs habitudes. Vous avez en horreur la routine, quand d'autres l'adorent, car elle les rassure. Du coup, vous êtes perçu comme une menace, car vous perturbez l'ordre établi, les organisations, les habitudes. Certains vont vous mettre des bâtons dans les roues, ne serait-ce parfois que pour conserver leur pré carré et leur pouvoir ; vos propositions, vos innovations peuvent en effet faire basculer l'équilibre des pouvoirs.

Dans les formations au management, on enseigne d'ailleurs à ne pas mettre en avant le changement, qui suscite beaucoup de freins et de peurs, mais plutôt l'objectif ou une vision d'avenir. Si vous affichez votre volonté d'apporter des changements, de faire des propositions novatrices, vous risquez d'essuyer un flot de critiques.

Si les solutions ou les processus que vous préconisez vont à l'encontre des idées reçues, il va falloir aiguiser en amont vos arguments pour convaincre votre auditoire de leurs bien-fondés. Comme votre pensée est très intuitive, vous devez trouver des arguments concrets et appropriés pour convaincre et démontrer la pertinence de vos suggestions. Sinon, si votre interlocuteur sent que vous ne savez pas défendre votre opinion, il va essayer de vous déstabiliser, s'engouffrer dans la faille et considérer que vos arguments sont arbitraires, peu étayés, donc peu fiables et faire capoter votre projet.

On voit bien qu'avoir raison contre tous, trop tôt, être en avance sur son temps n'est pas du tout confortable et souvent contre-productif, car vous aurez peu d'oreilles attentives pour vous écouter et vous comprendre. Vous avez intérêt à avoir un regard affûté sur les gens qui vous entourent, à tester leur capacité à changer, à être conscient qu'ils peuvent contrecarrer vos plans par peur, par jalousie ou par absence de vision. Vous devez donc déployer des trésors de pédagogie et de patience et passer par des chemins de traverse pour réussir à imposer peu à peu vos idées.

Les jaloux et les envieux

Ignorant ce qu'est la jalousie parce que vous ne la ressentez pas, vous avez du mal à la concevoir et à la repérer chez l'autre. D'autant que vous trouvez ce sentiment contre-productif et absurde puisqu'il n'y a rien à y gagner, ni d'un côté, ni de l'autre. Vous n'allez pas comprendre pourquoi on vous attaque et de façon si peu justifiée, surtout si vous considérez que les personnes n'ont rien à vous envier. Votre absence d'esprit de compétition peut être comprise comme du dédain, de l'indifférence ou de la certitude d'être supérieur aux autres alors que vous, vous ne vous positionnez pas dans une relation de compétition, ni de pouvoir, ni de rivalité, puisque vous cherchez à gagner collectivement. Vous ne gaspillez pas votre énergie en envie mesquine. Pour vous, elle est inutile et toxique. Votre problème serait plutôt de la repérer. Vous devrez neutraliser le jaloux ou l'envieux si vous ne voulez pas que vos projets tombent à l'eau ou que vos idées soient enterrées à dix pieds sous terre, ou si vous ne voulez pas être la cible de leurs attaques.

Les envieux ou les jaloux ont l'art de se moquer d'une personne qui leur fait de l'ombre ou, du moins, le croient-ils. Une femme brillante racontait que pendant longtemps, elle n'avait pas compris pourquoi, depuis son enfance, elle était la cible de petites piques. Elle n'avait pas l'impression d'avoir été agressive ou désagréable, ce qui aurait pu justifier ces attaques. Elle a finalement réalisé que ses remarques pouvaient blesser certaines personnes sans le vouloir. En effet, quand une réponse ou une réaction lui semblait évidente, elle agissait comme si ses interlocuteurs avaient compris aussi vite qu'elle. Elle s'agaçait si cela n'était pas le cas…

Imaginez la situation suivante : vous trouvez une solution parfaite en cinq minutes quand un autre la cherche depuis plusieurs heures ou plusieurs jours. Rien d'étonnant à ce qu'il soit agacé et peut-être qu'il vous en veuille, même si vous n'y êtes pour rien. Aussi, soyez vigilant. Si vous réalisez que vous avez froissé quelqu'un, excusez-vous au besoin ou trouvez un moyen de le valoriser pour éviter ce genre de situation désagréable.

Moqué, ridiculisé, incompri, bridé dans votre expression, dans vos élans, dévalorisé... depuis ou durant votre enfance, vous devez prendre conscience de vos talents et vous constituer une carapace pour résister aux moqueries, aux critiques, aux injustices. Il s'agit de vous faire le « cuir épais » pour moins souffrir de ces mesquineries ou de ces attaques.

Les personnes toxiques, perverses et manipulatrices

Il est tout particulièrement important pour vous de connaître le processus du harcèlement moral et d'être capable de repérer les pervers. En effet, vous êtes une cible privilégiée pour les pervers ; ceci pour plusieurs raisons : votre état d'esprit positif ne vous prépare pas à vous défendre face aux esprits malfaisants ; vous ne reconnaissez pas suffisamment vos talents, vous culpabilisez facilement ; vous avez un sentiment lancinant d'imposture (sur lequel nous reviendrons) ; vous voulez être irréprochable ; vous avez peur de décevoir ; vous êtes consciencieux, perfectionniste ; vous vous sentez isolé ou seul de votre espèce. Tous ces éléments-là vous rendent vulnérable. Le pervers va immédiatement détecter ce genre de fragilités et s'y engouffrer avec délectation et une précision d'orfèvre.

Comment ? Quand il aura détecté votre ou vos failles avec une intuition ou un sens de l'observation redoutables, il va faire en sorte de vous isoler davantage pour garder son emprise sur vous. Grâce à son 6ᵉ sens, il va essayer de réveiller votre sentiment de culpabilité, va jouer de votre manque de confiance, va piquer là où il sent que cela vous fera le plus mal. Si c'est un vrai pervers, son but est de vous détruire et de vous anéantir, que vous deveniez sa chose. Si, au départ, ses critiques sont éparses pour mieux cacher ses attaques, elles vont augmenter en intensité avec le temps.

Pour cacher son jeu et sa malveillance, il montrera deux visages. En public, il sera peut-être sympathique et attentif... Il vous défendra devant les autres, mais une fois sans témoins, il commencera à vous critiquer, à vous déstabiliser de manière plus subtile et insidieuse... du moins au début, de façon à ce que ni vous ni votre entourage ne vous doutiez de rien. Son travail de sape commencera et ne s'arrêtera que si vous réussissez à le démasquer ou si vous prenez la fuite.

Le pervers a plusieurs visages. Il manipule, rabaisse, instrumentalise, séduit, humilie et isole. Il vous soutient en public, il passe pour un bon manager qui sait défendre ses équipes. Vous croyez qu'il vous apprécie et vous défend, pourtant à son contact vous ne vous sentez pas bien. Quelque chose ne va pas. Demandez-vous si derrière cette façade, il vous donne les moyens de vos actions, s'il vous laisse votre espace de liberté, s'il vous soutient quand vous êtes face à face avec lui ou, au contraire s'il sape votre confiance, s'il vous laisse le pouvoir qui vous revient, vous donne les moyens de votre action... Si vous vous apercevez que son soutien n'est qu'en surface, méfiez-vous, vous avez probablement affaire à un pervers séducteur qui en réalité ne souhaite pas que vous réussissiez. Vous défendre va être compliqué, car il trompe son monde. Il va vous falloir de la patience et des éléments tangibles pour dénouer les fils de son piège. Il faudra aussi vous trouver des alliés qui comprennent ce qui se passe et puisse vous appuyer. Sinon, partez, changez de poste... car vous êtes au cœur d'une bataille que vous n'êtes pas près de gagner si autour de vous les gens sont aveugles.

Les victimes de pervers peuvent être un hiérarchique, un collaborateur, un collègue. Un dirigeant avait ainsi donné le titre ronflant de secrétaire général à son collaborateur, mais sans lui donner les moyens de son action ; ce dernier n'avait aucun lien d'autorité sur son équipe et donc ne disposait d'aucune prise sur celle-ci, ce dont certains profitaient allègrement pour n'en faire qu'à leur tête. Son patron, qui reconnaissait la situation, les défendait vis-à-vis de l'extérieur, sous prétexte que ce serait plus facile de les « refiler » à d'autres services. Notre collaborateur, pensant avoir de très bonnes relations avec son chef, ne savait du coup plus comment gérer la situation, sachant que, dès qu'il engageait une action, elle était détricotée dans les jours qui suivaient. Il a commencé à perdre confiance en lui et à s'épuiser. Heureusement, le double jeu a été mis au jour et il a reçu le soutien des ressources humaines. Si son patron, en fin de carrière, n'a pas été sanctionné, les personnes incompétentes ont dû partir et le collaborateur harcelé a trouvé un autre poste sans que sa réputation soit entachée. Mais combien d'autres y laissent leur santé physique et/ou mentale et parfois même leur peau ? Cela a failli être le cas d'une directrice administrative et financière (DAF) qui devait sa promotion à son patron. Mais le prix à payer était élevé. Il exerçait sur elle un harcèlement aussi bien moral que sexuel. À l'époque, cette femme, forte en apparence, mais fragile intérieurement, avait commencé par prendre du poids et développer un comportement de plus en plus caractériel. Pleine d'idées et d'énergie, désireuse de faire avancer ses dossiers et gagner de l'argent à son groupe, elle s'investissait pleinement. Mais son attitude souvent agressive attirait les critiques alors même qu'elle obtenait de nombreux succès. Elle n'en tirait aucun bénéfice, car son patron se les attribuait. Elle allait de plus en plus mal avant de réaliser que son chef l'utilisait comme une marionnette, qu'il sapait sa confiance et son estime de soi alors même qu'elle faisait le travail à sa place. À partir de là, elle a pu en parler à la responsable des ressources humaines. Mais celle-ci, jeune et inexpérimentée en la matière, ne l'a pas crue et, sans s'en rendre compte, s'est fait manipuler à son tour. Elle ne l'a compris que des mois plus tard. La DAF a fini par partir et a entamé un long travail de reconstruction.

Qui sont ces pervers ? Les cerveaux droits sont Dr Jekyll quand ils sont pleins de bons sentiments et Mr Hyde quand ils ont basculé dans la perversion. Une manière de dire que, les pervers sont des gens brillants, surdoués, qui ont mal tourné. Ils en ont les caractéristiques : grande intelligence, intuition phénoménale, agilité d'esprit, etc., mais au lieu de s'en servir de manière positive, ils les utilisent pour nuire et se nourrissent du mal qu'ils font. Comme ce sont des êtres très intelligents, ils sont potentiellement très nocifs et vont utiliser leurs talents pour manipuler les autres, avec un mélange de séduction et de machiavélisme. Au lieu de profiter de leur potentiel pour faire le bien et se faire du bien, ils vont l'utiliser pour détruire et jouir de la souffrance des autres. En connaissant leur histoire de vie, on comprendrait probablement mieux pourquoi ils ont basculé dans la perversion ; on peut imaginer qu'ils aient été humiliés, pas aimés et maltraités, mais ceci ne doit pas servir à les absoudre car, s'ils ne savent peut-être pas pourquoi ils le font, ils sont parfaitement conscients de ce qu'ils font.

On le voit très clairement dans les personnages clés de la série américaine *House of Cards*, Franck et Claire Underwood. Ils se vengent d'abord du président des États-Unis nouvellement élu qui n'a pas tenu sa promesse faite à Franck de lui donner le poste de secrétaire d'État qu'il lui avait promis en échange de son soutien pendant sa campagne, puis manipulent toutes les personnes qui pourraient leur servir pour arriver au sommet de l'État. S'ensuit une longue série d'abominations qui conduiront Franck à la présidence des États-Unis et sa femme à la vice-présidence. Difficile d'être plus machiavélique que ce couple.

Si vous comprenez que vous avez affaire à un pervers, oubliez toute bienveillance. N'ayez aucune pitié ni compassion pour lui, il n'en aura aucune pour vous, et partez si vous sentez que vous ne pouvez pas gagner la bataille. Le pervers est un cynique dont le but est de vous détruire. Selon son degré de perversion, son action sera plus ou moins mortifère. Beaucoup de livres sont parus sur la question depuis celui de Marie-France Hirigoyen, *Le Harcèlement moral*. Si vous comprenez que vous êtes une victime, il est important de lire ce type d'ouvrages, de consulter des dossiers parus dans la presse, de regarder des vidéos où vous voyez le pervers en action. D'abord, vous vous sentirez moins seul et surtout vous comprendrez leur mode de fonctionnement. En voyant les choses avec distance, vous verrez le *modus operandi* plus clairement. N'hésitez pas à aller voir un thérapeute et/ou un coach au fait des ressorts de la perversion. Cette démarche vous fera gagner beaucoup de temps et vous aidera à vous défendre et si besoin à vous reconstruire.

Si vous avez été victime d'un pervers, ce qui est malheureusement le cas pour beaucoup d'entre vous, ne vous en voulez pas de n'avoir rien vu et rien compris. Car si vous réfléchissez bien, vous n'aviez aucun moyen de comprendre ce qui arrivait, puisque vous n'en aviez pas identifié l'origine. Une victime n'a pas à se sentir coupable ni à avoir honte, tant qu'elle n'a pas compris qu'elle l'était. La honte et la culpabilité devraient émaner de ces personnes toxiques qui vous ont entouré, mais soyez sûr d'une chose : elles, elles ne culpabiliseront jamais et n'éprouveront jamais de remords. Vous ne pouviez pas réagir, ni vous défendre tant que vous n'avez pas le recul et la connaissance nécessaire pour bien analyser la situation et avoir la réaction idoine. En revanche, à partir du moment où vous y voyez clair, apprenez à réagir de manière adéquate.

Trouver
sa place

Chapitre 5

Un travail sur soi

→ Doper son estime de soi

Écouter ses intuitions

Si vous avez de la difficulté à admettre la justesse de vos intuitions, vous vous coupez de l'une de vos principales forces. Vos antennes sont en effet votre meilleur guide car elles captent beaucoup d'informations, les synthétisent, aboutissant à une sensation, une impression, très souvent justes. Vous dites souvent : « Je vois ce qui va arriver », « Je le sens venir ». « Vous savez », « vous sentez », mais votre difficulté est d'en convaincre les autres, car ce phénomène se fait à votre insu et vous êtes incapable de le démontrer ou de l'expliquer. Il faut donc prendre en compte ce que vous dicte votre intuition, sans pour autant vous empêcher de la questionner, de l'approfondir.

Grâce à vos antennes, vous captez beaucoup plus d'informations que la plupart des gens autour de vous. Dites-le, mais n'insistez pas si vous sentez que votre entourage n'est pas mûr pour l'entendre. On n'aime pas les oiseaux de mauvais augure. C'est le syndrome bien connu de Cassandre[1]. D'où une immense frustration. À voir venir les

---

1. Référence à la mythologie grecque : Cassandre est la plus belle des filles de Priam (roi de Troie). Apollon en tombe amoureux et lui accorde le don

événements et leurs conséquences, trop en avance, ne vous sert donc pas toujours. Si vous prenez les choses trop à cœur et voulez absolument faire entendre raison à un entourage sourd et aveugle, vous prenez le risque de vous épuiser et de vous désoler de voir le monde courir à sa perte. Churchill a expérimenté cela plus d'une fois. En particulier avec l'Allemagne. Ses voyages dans les années 1930 lui avaient fait comprendre le péril que représentait Hitler bien avant les autres. Mais la Grande-Bretagne et ses dirigeants d'alors n'aspiraient qu'à la paix et à la tranquillité. Personne n'a voulu l'entendre. Est arrivé ce qui est arrivé…

Vous devez être conscient que même si une majorité de gens autour de vous pensent différemment, ils n'ont pas pour autant raison. N'oubliez pas non plus que les cerveaux gauches ont une pensée très différente de la vôtre, en « corde à nœuds », séquentielle et ne peuvent voir ou pressentir ce que vous voyez ou sentez. Dans la majorité des cas, c'est vous qui avez raison, car vos pensées et votre vision sont plus globales et plus larges. Et si vous avez écouté votre intuition et que vos prédictions se sont révélées exactes, ne vous étonnez pas que votre entourage oublie que vous aviez eu raison le premier ; il est probable que votre manque d'assertivité pour défendre votre point de vue en est en partie le résultat.

Se faire confiance

La première personne à convaincre de votre valeur – si vous en doutez et vous êtes très nombreux dans ce cas –, c'est vous. La manière dont vous vivez le fait d'être atypique est influencée par de très nombreux facteurs, à commencer par votre histoire de vie et votre environnement social et familial. Votre ressenti ne sera pas le même si, enfant, vos talents ont été ou non reconnus dans votre

---

de prophétie. Mais lorsqu'elle repousse son amour, le dieu la condamne à prophétiser la vérité, sans jamais être crue. Plus Cassandre prévoit les événements avec précision (comme la guerre de Troie et ses conséquences), moins elle est écoutée. Elle restera seule et ne se mariera pas.

famille, à l'école… ; si vous aviez ou non des amis, si vous avez ou non rencontré sur votre chemin des personnes ayant le même fonctionnement que vous. Vous pouvez le vivre comme un fardeau ou une richesse.

Paradoxalement, alors que vous êtes doté de plein de talents, vous n'en avez souvent pas ou si peu conscience. Cela s'explique aisément si, depuis tout petit, votre entourage ne vous renvoie pas une image positive de vous et de vos talents. C'est compréhensible si vous avez souffert d'être différent, si vos talents sont restés en jachère, si votre vie a été semée d'échecs, d'obstacles, de projets non aboutis, que vous n'avez pas réalisé vos rêves, que vous avez été maltraité ou harcelé… C'est logique d'être déstabilisé et assailli de doutes si personne ne partage vos idées ou vos points de vue et si vous avez du mal, beaucoup de mal, à vous voir tel que vous êtes.

Alors, faites-vous confiance. Sachez reconnaître et écouter vos passions, vos rêves, vos envies profondes et faites en sorte de réaliser ce qui vous tient à cœur. Vous êtes endurant, vous avez besoin d'actions et d'aventures. Vous avez des intuitions et une vision. Servez-vous de toutes ces forces et de bien d'autres encore. Ce sera une bonne hygiène de vie. Vous pourrez commencer à vous libérer de vos peurs : peur de la solitude ou de l'isolement, peur d'être envahi, d'être mal compris, peur de l'échec ou de la réussite… Vous devriez mieux gérer vos émotions.

Se reconstruire

Nous avons vu que les neurodroitiers sont fréquemment rejetés, voire maltraités, peut-être par leur entourage familial, mais aussi par leurs professeurs, leurs camarades de classe, puis plus tard leurs pairs. Les professeurs réagissent mal face à eux, soit parce qu'ils les dérangent ou les trouvent trop dissipés, peu attentifs et/ou mauvais élèves, soit parce qu'ils sont décontenancés par leur savoir, leur intelligence ou par leurs remarques trop incisives, soit encore parce qu'ils les prennent à tort pour des retardés mentaux. En effet, aussi curieux que cela puisse paraître, c'est assez souvent le cas. Une femme racontait que ses professeurs, quand elle était en première, avaient insisté pour qu'elle fasse un cursus professionnel, car ils considéraient qu'elle n'avait pas la capacité à suivre une filière normale. Ses parents ont heureusement refusé, l'ont changée d'école et par la suite, elle a passé le concours de l'ENA et été admissible à l'oral. Mais l'histoire s'est répétée avec son fils. Elle a dû se battre, comme l'avaient fait ses parents pour elle.

Cette étape fondamentale de restauration ou de prise de confiance en soi étant franchie, il va falloir vous construire ou vous reconstruire. En espérant que votre sentiment de culpabilité – dont nous avons vu qu'il n'avait pas lieu d'être – est déjà en train de diminuer et de disparaître peu à peu. Vous devrez assumer le fait d'être différent et vous atteler à la dure tâche de faire fructifier vos talents et de trouver votre juste place. En vous connaissant mieux, vous allez mieux détecter ceux sur lesquels vous pourrez vous appuyer et ceux dont vous devrez vous méfier, ou vous mettre à distance ; vous pourrez composer avec votre environnement avec plus d'efficacité puisque vous l'appréhenderez mieux ; vous pourrez commencer à élaborer des stratégies pour convaincre et entraîner les autres dans une spirale positive de changement. Le chemin ne fera alors que débuter pour vous. Il va être d'autant plus long que le sentiment de vous être senti différent, rejeté, pris pour un nigaud ou un raté a été long et profond. Faites-vous à l'idée que tout ce vécu ne disparaîtra pas en un jour et que vous pourrez faire quelques petites rechutes en chemin.

Pour vous aider si votre côté atypique vous pèse, si vous le portez comme un fardeau, cherchez d'autres personnes qui vous ressemblent. Maintenant que vous savez comment vous fonctionnez, vous pourrez plus facilement les repérer.

Gagner en assertivité

Plus vous aurez confiance en vous, plus vous allez gagner en assertivité et donc en visibilité et entraîner les autres dans votre sillage. On le voit très clairement dans l'armée, un général qui sait ce qu'il fait, a une vision et une stratégie, entraîne ses hommes avec lui et gagne des batailles perdues sur le papier. Un bon chef sait aussi jusqu'où il peut aller, voit les qualités de ses collaborateurs. Il saura les pousser à se dépasser, fort de cette confiance.

Focus

L'éclairage de l'analyse transactionnelle*

L'analyse transactionnelle donne un éclairage sur ce qu'est son rapport à l'autre à travers le concept des positions de vie. Elle en décrit quatre : le « Je » vous représente, le « Tu » représente l'autre.

Le Je -/Tu - : Votre estime de soi est au plus bas, mais l'autre ne vaut pas mieux. Vous pouvez avoir de la haine pour l'autre et/ou la retourner sur vous et vous autodétruire. Tout le monde est perdant.

Le Je -/Tu + : Votre estime de soi est au plus bas, mais l'autre a de la valeur. Vous ne vous aimez pas alors que vous idéalisez l'autre. Vous pouvez donner, mais en général vous avez du mal à recevoir. Vous ne savez pas qui vous êtes. Vous vous dévalorisez et ne savez pas accepter les compliments, car vous ne leur donnez aucune valeur. Vous avez peur de déranger et ne prenez pas la place qui vous revient.

Le Je +/Tu - : Votre estime de soi est bonne, mais l'autre ne vaut rien. Vous pouvez le mépriser ou avoir de la pitié pour lui. Vous pouvez être condescendant ou arrogant.

Le Je +/Tu + : Vous comme l'autre avez de la valeur. Vous pouvez vous respecter mutuellement, collaborer, construire, échanger. Cette position permet de donner, mais aussi de recevoir.

Le « cerveau droit » qui ne réussit pas et ne reconnaît pas ses talents se situe dans la position de Je -/Tu + ; à moins qu'il ne soit trop amer et désabusé et pense que tout le monde est nul, dans ce cas il est dans la position Je +/Tu-. Celui qui va bien est dans le Je +/Tu +. C'est évidemment cette position qu'il s'agit d'atteindre. Elle nécessite d'avoir une bonne estime de soi pour être bien dans sa vie, dans ses relations aux autres et au monde.

Canaliser son hypersensibilité

Cette hypersensibilité n'est pas toujours bien acceptée, car pas toujours bien comprise et donc mal interprétée. Elle peut être considérée comme de la fragilité ou parfois à tort comme de l'immaturité. Votre but sera de la canaliser pour ne pas vous laisser déborder par vos émotions en vous connaissant mieux ainsi que ceux qui vous entourent, tout en prenant avec plus de distance les propos malveillants à votre encontre. Pour ce faire, vous pouvez commencer par vous poser des questions du type : « Pourquoi me fait-il/elle une remarque aussi désagréable ? A-t-il/elle ou non raison ? Est-ce que je le/la dérange ? Est-il/elle jaloux(se) ? » Ce type de questions vous permet de vous interroger sur le point de vue de l'autre et de prendre de la distance par rapport à la situation. Ainsi, vous pouvez mieux l'appréhender. Le fait de comprendre votre fonctionnement, de voir que le problème vient de votre profil et de votre manière de penser, que d'autres connaissent les mêmes difficultés que vous, devrait déjà vous aider à relativiser, à y voir plus clair et à avoir un jugement plus objectif.

En finir avec le sentiment d'imposture

Beaucoup de tâches, d'actions ou de missions ne vous posent pas de problèmes : vous les accomplissez sans difficulté. Votre rapidité et votre facilité d'exécution vous empêchent de voir la difficulté et la complexité de la tâche que vous accomplissez. Aussi, si les autres vous complimentent, vous avez l'impression de ne pas le mériter, d'être un imposteur. Mais vous ne vous rendez pas compte qu'à votre place, certaines personnes auraient peut-être mis des jours, voire des mois, pour faire ce que vous avez fait en quelques minutes, jours ou semaines. N'arrivant pas à vous l'imaginer, vous vous dites qu'un jour ou l'autre, les autres découvriront que vous n'êtes pas aussi bon qu'ils le pensaient. Eh bien vous avez encore une fois tort !

On peut comprendre que, compte tenu de votre haut niveau d'exigence, de votre perfectionnisme et donc de votre capacité à repérer les moindres imperfections, vous voyez les limites de vos réalisations. Mais n'avez-vous jamais fait l'expérience, par exemple, d'entendre quelqu'un se vanter de très bien cuisiner et puis le jour où il vous invite à dîner, d'être un peu déçu ? L'exemple est trivial, mais classique. Ceux qui travaillent bien sont conscients qu'ils auraient pu faire mieux s'ils avaient eu plus de temps, s'ils avaient eu telle ou telle information, etc. ; à l'inverse, ceux qui travaillent moins bien, voire mal, n'ont pas la même exigence et peuvent être très vite satisfaits de leurs réalisations.

Plus grave encore, ce sentiment d'imposture qui n'a pas lieu d'être, vous rend vulnérable aux gens malfaisants, comme nous l'avons vu précédemment (cf. le chapitre précédent). Vous êtes une proie idéale pour des personnes, peut-être moins douées, mais plus politiques et manipulatrices, ainsi que pour des pervers narcissiques qui vont profiter de vos doutes pour anéantir votre peu de confiance en vous. Vous devez donc impérativement prendre conscience de vos capacités particulières pour vous reconnaître et être reconnu pour ce que vous êtes.

Arrêter de culpabiliser

Vous êtes une machine à culpabiliser. Ceci parce que vous n'êtes pas satisfait de votre travail, parce que vous êtes en retard, parce que vous êtes distrait, parce que vous manquez de confiance en vous, parce que vous ne voyez pas la qualité de votre travail, parce que vous surestimez celle de l'autre, parce que vous n'avez pas eu les succès escomptés, que les gens vous ont déçu…

Regardez qui vous critique et ne vous laissez pas démonter si vous ne le trouvez pas lui-même compétent. Les gens accusent souvent les autres de leur propre défaut. Souvent, « celui qui dit ; c'est lui qui l'est », comme le disent les enfants entre eux.

De plus, la culpabilité est un sentiment qui vous renforce dans votre position de victime, alors que celui qui devrait l'avoir, qui vous agresse, ne l'éprouve en aucune manière. Face à un pervers ou un escroc, vous constaterez que c'est souvent la victime qui se sent coupable et non pas l'agresseur. Cela paraît paradoxal, mais se vérifie quasiment systématiquement.

Acceptez vos imperfections, vos échecs, prenez conscience de votre valeur, ouvrez vos yeux sur les autres et vous arrêterez de culpabiliser à tort et à travers. Enfin, dites-vous aussi que votre différence provoque forcément des problèmes un jour ou l'autre avec certains types de personnes qui sont très différentes de vous.

Cesser de s'excuser sans cesse

Un autre de vos travers qui vous rend vulnérable est votre tendance à vous excuser à tout bout de champ, à tort et à travers parfois. Prenons un exemple terre à terre : si vous vous excusez quand l'autre vous bouscule, vous lui envoyez implicitement un message négatif : il comprend que quand il vous agresse, vous vous soumettez. Alors que c'est lui qui devrait s'excuser, c'est vous qui le faites. Vous êtes alors en son pouvoir...

Être résilient

Faites de vos échecs la rampe de lancement de vos réussites. Dans sa biographie sur Lord Mountbatten, François Kersaudy raconte que l'homme a été extrêmement affecté par le désastre du débarquement à Dieppe en août 1942 dont il était en partie responsable. Il s'est alors enfermé de longues semaines pour analyser point par point ce qui avait conduit à ce drame. Il a ensuite pu contribuer très efficacement à la réussite du débarquement en Normandie en juin 1944, recevant alors les félicitations de Churchill pour son remarquable travail de préparation.

Celui qui prend des risques augmente *de facto* le risque d'échouer. Mais il faut comprendre qu'échouer fait partie de l'apprentissage.

Imaginez un enfant apprenant à marcher. Quelle catastrophe si désespérant de trouver son équilibre, il renonçait à poursuivre et à se mettre debout ! Vous devez voir l'échec comme un passage quasi incontournable pour innover. N'oubliez pas que l'innovation, c'est une suite d'essais et d'erreurs, avant de trouver la bonne formule ou la bonne solution. Aucune innovation ne peut émerger si le censeur bloque le processus par son jugement. Quelqu'un qui n'échoue jamais devrait susciter le doute, l'inquiétude et la méfiance : prend-il vraiment des risques ? Est-il vraiment innovant ? Qu'apporte-t-il à la société ? Cache-t-il ses échecs ? Si vous savez apprendre de vos erreurs, votre confiance en vous sera renforcée.

Boris Cyrulnik parle de résilience* dans ses livres (comme *Les Vilains Petits Canards*). En général, votre capacité de résilience est impressionnante. Il faut dire que vous avez la sensation assez justifiée de pouvoir tout faire. Et n'oubliez pas ce qu'écrivait Nietzsche : « Ce qui ne me tue pas me rend plus fort ».

→ Se réconcilier avec soi-même

S'accepter comme « cerveau droit »

Quant à vous, si la lecture de cet ouvrage (ou d'un autre), vous a permis de mettre au jour votre fonctionnement, vous devez maintenant être en mesure de vous regarder avec plus d'indulgence et même avec une certaine fierté, surtout si vous avez eu une scolarité chaotique et une vie professionnelle décevante. Pour ceux qui ont toujours bien réussi, vous pouvez désormais comprendre d'où vient votre sentiment d'être différent. Pour tous, vous pouvez prendre conscience de vos spécificités et de vos talents. Pour certains d'entre vous, originairement créatifs et intuitifs, vous avez pu privilégier l'utilisation de votre hémisphère gauche pour vous adapter à votre environnement ou dépasser un obstacle.

C'est le cas de Gabrielle, devenue aveugle à l'âge de 20 ans. Trente ans plus tard, elle a compris qu'elle avait mis un mouchoir sur ses envies, était devenue très structurée, organisée, concentrée pour pouvoir mener à bien ses études (brillantes, droit et psycho), avait dressé une barrière avec les gens pour éviter qu'ils ne prennent des décisions à sa place ; ceci pour surmonter son handicap. Elle s'est rendu compte qu'elle était hyperempathique, n'arrêtait pas de penser, d'avoir des idées neuves… Elle s'est reconnue dans les caractéristiques du neurodroitier. Pour elle, il était temps de se libérer de contraintes inutiles et de suivre enfin son chemin.

Prendre conscience de ses richesses

Si vous vous êtes reconnu dans le précédent chapitre et que vous n'avez pas encore su ou pu trouver votre place, la première étape à franchir va être la reconnaissance de vos talents. Parce que vous n'avez peut-être pas été un bon élève, parce que vous voyez très vite vos défauts et vos imperfections, parce que votre vie professionnelle n'est pas à la hauteur de vos attentes, parce que vous n'arrivez pas à gagner de l'argent…, vous les aviez ignorés jusque-là. Et si une tâche vous paraît simple et facile, vous pensez immédiatement (à tort !) que tout le monde est capable de faire aussi bien et aussi vite que vous. Si vous avez du succès, cessez d'invoquer la chance, mettez-la plutôt sur le compte de vos talents. Si l'on vous félicite, arrêtez de vous prendre pour un imposteur.

Commencez par prendre conscience de ce que vous apportez et posez-vous des questions du style : est-ce ou non à la portée des autres ? Suis-je le seul à pouvoir le faire ? Ceci, non pas dans un esprit de compétition, mais pour vous évaluer à votre juste valeur.

Reconnaître son intelligence émotionnelle

Autant l'intelligence mathématique est concrète, avec des résultats concrets et tangibles, autant votre intelligence émotionnelle, vos compétences humaines, comportementales et créatives sont plus abstraites. Elles sont même invisibles aux yeux de ceux qui ne les possèdent pas ou peu et qui, n'y ayant pas accès, refusent d'admettre leur existence. On en compte beaucoup parmi les superdiplômés, qui en tirent une fierté bien méritée, mais parfois aussi un sentiment de supériorité qui l'est moins. Certains d'entre eux font de belles carrières. Mais, s'ils manquent d'intelligence émotionnelle, ils sont moins courtisés qu'auparavant, car les directions des ressources humaines des entreprises sont de plus en plus sensibles et vigilantes aux problèmes de leadership et de comportement. Elles ont pu constater qu'elles recrutent pour des compétences et licencient souvent pour des problèmes de comportement. Reste que sur le terrain, comme nous l'avons déjà fait remarquer, cette volonté est parfois compliquée à respecter, de par la résistance de quelques-uns ou les jeux de pouvoir contre lesquels il est difficile de s'opposer.

Bien se connaître

Bien se connaître est essentiel pour se situer dans son environnement. Vous êtes alors plus fort face aux critiques et aux reproches parce que vous savez faire le tri entre ceux qui sont justifiés et les autres, et vous êtes conscient de vos forces et de vos limites. Votre solidité intérieure vous permet de lâcher prise, d'abandonner vos vieux schémas de pensée ou de manières de faire qui vous enferment, et de réparer des blessures anciennes. Ce travail-là n'est jamais facile et toujours long s'il est profond. C'est le fruit d'un cheminement plein d'embûches et d'obstacles souvent intérieurs, qui nécessitent de renoncer à certaines croyances, telles que « Je suis stupide » ; « Je n'y arriverai jamais » ; « Je vais échouer » ; « Personne ne m'écoute » ; « Je n'intéresse personne »...

Un travail de reconstruction nécessite beaucoup de courage et de ténacité et se fait rarement seul. Si vous prenez tout juste conscience d'être neurodroitier, vous pouvez commencer par vous plonger dans des lectures traitant des adultes doués et atypiques pour comprendre que vous êtes loin d'être seul dans ce cas, et dans des ouvrages sur leurs blessures comme ceux d'Alice Miller (nous vous proposons une liste d'ouvrages dans la bibliographie). Selon l'importance de votre mal-être, vous pouvez vous faire accompagner par quelqu'un connaissant bien la problématique des « cerveaux droits », un coach, un mentor ou un thérapeute. Il vous aidera à réfléchir, à prendre du recul, à trouver plus vite de nouveaux repères et à mieux comprendre et décrypter votre entourage.

Pour travailler sur les conséquences sur l'aspect professionnel et les résonances du fait d'être neurodroitier, faites-vous accompagner par un coach au fait des spécificités des neurodroitiers, qui vous permettra de les mettre en valeur et de mieux les promouvoir auprès de votre employeur. Son regard extérieur vous servira d'effet miroir en vous permettant d'élargir votre regard et d'approfondir votre réflexion. Travailler sur votre récit de vie, recourir à des tests de personnalité comme le MBTI* ou à l'ennéagramme, composer votre génogramme professionnel*, faire le point sur vos réalisations, vos réussites et vos échecs et recueillir le regard de votre entourage familial, amical et professionnel est très riche. C'est une base solide qui vous permet de prendre conscience et ainsi de pouvoir verbaliser comment vous vous comportez, de ne plus – ou moins – culpabiliser en réagissant ou en agissant de telle ou telle manière, car vous comprenez que cela fait partie intégrante de votre personnalité.

Si vous ne vous sentez vraiment pas bien, si vous êtes trop déprimé ou trop perdu, si vos émotions sont trop vives, vous pouvez recourir en parallèle à un thérapeute. Outre la psychanalyse, beaucoup de techniques sont intéressantes. Il faut surtout être vigilant à la qualité de la personne qui la pratique. Des techniques comme l'EMDR, (pour effacer les émotions négatives liées à vos mauvais souvenirs), ou l'hypnose éricksonienne peuvent être bien adaptées pour des difficultés ponctuelles. Vous pouvez aussi, en complément, avoir recours à des techniques permettant de vous relaxer, de vous ressourcer (sophrologie, méditation, sports, arts martiaux…). Elles sont toujours fondées sur la respiration. Pour certains, un travail manuel comme faire de la poterie ou jardiner aura un effet très apaisant. Pour vous guider dans le choix, écoutez vos envies.

Ce travail débroussaille le terrain, sans pour autant se substituer à un travail plus approfondi. Car tout changement en profondeur est nécessairement long et souvent douloureux puisqu'il invite à revisiter les blessures pour les guérir. Il démarre par des déclics, « Eurêka, j'ai trouvé » qui ont un côté magique. Il se poursuit par un travail de reconstruction qui, lui, est beaucoup plus long. Les difficultés traversées font émerger des blessures enfouies. Tant qu'elles le sont, elles restent inconscientes. Elles ne peuvent être guéries qu'en remontant à la surface. Le psychanalyste André Green comparait le travail du négatif ou travail de réparation à une lutte contre une hydre à mille têtes dont on croit avoir tranché le cou, alors que l'on a atteint qu'une tête.

Le plus difficile est de trouver le bon thérapeute. Choisissez de préférence quelqu'un qui vous a été chaleureusement recommandé et neurodroitier. Évitez de vous mettre entre les mains d'une personne qui croit tout savoir et tout comprendre, instaure une relation de pouvoir et de dépendance ou qui vous donne des recettes toutes faites.

Abandonner son faux self

Pour se protéger d'un entourage qui a du mal à les comprendre et pour faire face à des réactions qui peuvent être hostiles et excluantes, certains neurodroitiers se construisent plus ou moins consciemment un personnage ; ils adoptent alors des comportements pour essayer de se fondre dans la masse. Ce que les psychanalystes nomment « faux self ».

L'émotion, la sensibilité permettent de mieux appréhender le monde. Le renard dans *Le Petit Prince* d'Antoine de Saint-Exupéry remarquait : « On ne voit bien qu'avec le cœur. L'essentiel est invisible pour les yeux. » En se coupant de ses émotions pour se protéger, comme la sorcière dans l'histoire de *Kirikou et la Sorcière*, on gâche sa vie et celle de son entourage.

Focus

Le faux self

Les femmes plus encore que les hommes ont une tendance à se suradapter et à développer ce que le psychanalyste britannique Donald Winnicott a appelé le « faux self », c'est-à-dire adapter une attitude qui n'est pas en accord avec sa vraie personnalité. Les personnes se coupent alors de leurs émotions, de leurs ressentis et cherchent à ressembler aux autres. Elles ne souffrent plus, du moins pas consciemment. Dans le cas des cerveaux droits, c'est une stratégie consciente ou non, utilisée pour se faire accepter par les autres, et se sentir moins seul. Le côté positif est qu'ils ne sont plus, ou moins, rejetés. Tel un caméléon, ils deviennent souvent indétectables en prenant les habitudes et l'apparence de leur entourage. Ils se forgent ainsi une carapace qui leur sert de protection, mais nie leur personnalité profonde. Tout ce qui répondrait à leurs aspirations profondes est enfoui au plus profond d'eux-mêmes, à tel point qu'au bout d'un certain temps, ils oublient même qu'elles ont existé. Faire remonter à la surface leurs désirs, leurs rêves, est très douloureux, car le sentiment de gâchis peut être important, mais ô combien bénéfique.

Kirikou et la sorcière

L'histoire se déroule dans un village ouest-africain. La sorcière Karaba tyrannise le village en asséchant la source, obligeant les femmes à aller chercher de l'eau au loin, et en prenant en otage les hommes qui s'approchent de sa case. Le petit Kirikou cherche à comprendre pourquoi la sorcière agit ainsi. « Kirikou n'est pas grand, mais il est vaillant. » Il va voir son grand-père qui lui explique que Karaba doit sa méchanceté et ses pouvoirs maléfiques à une épine que des hommes lui ont enfoncée dans le dos et qui la fait atrocement souffrir. Kirikou décide alors de la lui ôter par surprise. Libérée de la douleur et du maléfice, Karaba redevient elle-même, et libère ses prisonniers. Elle n'a plus besoin de se protéger.

La sorcière se cachait derrière une belle apparence (un faux self) masquant une profonde détresse. Prendre conscience de qui l'on est véritablement et se reconstruire est un processus long et douloureux. Le psychanalyste Carl Gustav Jung[1] disait : « Deviens qui tu es. » Simple à dire, mais pas à faire. Comme il masque une fragilité, le faux self doit disparaître progressivement car il est une protection, certes inappropriée mais utile dans un premier temps. Il ne peut disparaître que lorsque l'on a retrouvé ses vraies aspirations, sa personnalité profonde. Il s'agit de lâcher prise doucement, petit à petit, à son rythme. Un peu comme le homard qui se défait de sa vieille carapace pour en acquérir une autre plus souple, qui lui donne plus de mobilité. Entre les deux, il est vulnérable. D'où l'importance de ne pas arracher cette protection brutalement.

Éviter de ratiociner

Comme toute personne qui souffre, vous avez tendance à vous autocentrer pour vous protéger et résoudre vos problèmes. En faisant cela, vous vous coupez du monde et n'êtes plus en mesure de profiter de ce que les autres peuvent vous apporter. De même, si vous ne pensez qu'à vous et à vos problèmes, vous ne vous rendrez pas service. Vous allez apparaître égocentrique alors que fondamentalement vous ne l'êtes pas. Alors, même dans la difficulté, essayez de garder une vision globale, de prendre du recul sur vous, de rester ouvert aux autres et à leur demande. C'est dans l'échange que l'on s'enrichit. Ceux qui ont le même profil que vous vous aideront plus volontiers si vous arrivez à maintenir une relation de réciprocité.

---

1. Longtemps disciple de Sigmund Freud avant que des divergences de vues ne les séparent, Carl Gustav Jung (1875-1961) a été pionnier de la psychologie des profondeurs. On lui doit de nombreux concepts comme l'« inconscient collectif », les « archétypes », l'« individuation », les « types psychologiques », le « complexe », l'« imagination active », le « déterminisme psychique » et la « synchronicité ».

Si l'on reproche souvent aux purs cerveaux gauches de monter de véritables « usines à gaz », de faire des analyses poussées qui ne mènent à rien ou presque, il peut vous être reproché d'avoir beaucoup d'idées, mais de ne pas aller jusqu'au bout en ne les mettant pas en œuvre. Dans les deux cas, on aboutit à un beau gâchis.

Ne vous laissez donc pas entraîner dans un rêve où, à la fin, vous découvrirez que votre idée était intéressante, mais n'a pas de débouchés ou que vous ne pourrez pas en vivre. Gagnez en réalisme. Ce processus demande de solliciter votre hémisphère gauche ! Sélectionnez les idées qui vous semblent bonnes et, au besoin, faites-vous accompagner dans les phases où vous êtes moins à l'aise, par exemple, au moment de les vendre. Travaillez aussi avec des personnes complémentaires qui sauront mettre en musique ce que vous aurez imaginé.

➔ Se protéger des personnes mal intentionnées

Se mettre à l'abri des personnes toxiques

Si vous voulez être tranquille, ne pas être agressé, il faut d'abord bien vous connaître. Vous saurez riposter si vous êtes critiqué à tort. Si vous détectez un individu pervers ou malfaisant, vous verrez qu'il évitera de vous agresser s'il sent votre force intérieure. Un pervers qui cherche à déstabiliser sa proie avant de l'anéantir, choisit de préférence quelqu'un de vulnérable, qu'il pourra aisément culpabiliser… Si vous savez les reconnaître et les repérer, il se sentira démasqué et ira chercher une autre victime. Le meilleur moyen de réduire leur capacité de nuisance est d'avoir une force intérieure. Évitez, si possible, les personnes qui instaurent avec leur entourage des relations « dominant, dominé ».

Gérer ses relations aux autres

Alternez travail seul et travail en équipe, car vous avez besoin de solitude pour vous ressourcer et avancer à votre rythme, tout en aimant le partage et la convivialité. Essayez donc de vous ménager des espaces et des moments de réflexion en solitaire et d'autres avec des personnes qui soient complémentaires et qui vous enrichissent dans le partage.

Par ailleurs, utilisez votre intuition et votre empathie pour décoder la personne en face de vous. Faites confiance à vos impressions et ressentis. Ne projetez pas vos propres sentiments et comportements sur elle. Mais posez-vous des questions du type : est-elle fiable ? Quel est son état d'esprit ? Est-elle prête à coopérer ? Quel intérêt prime pour elle, le sien ou celui de la collectivité ?… En fonction de vos réponses, vous pourrez décider si vous allez ou non lui faire confiance, échanger en toute authenticité, ou si vous allez garder une certaine réserve.

Faire le deuil d'être compris et accepté par tous

Vous avez peut-être été victime d'ostracisme dès votre enfance et vous êtes resté marqué par ce vécu qui perdure à l'âge adulte, car décidément vous ne faites rien comme tout le monde. Il va falloir faire votre deuil d'être compris par ceux qui s'appuient sur la raison, l'analyse et la logique uniquement. Ils ne peuvent pas vous comprendre, vous reconnaître ; votre intelligence n'est pas la leur et la vôtre n'est pas visible à leurs yeux. Leur esprit est formaté de telle sorte qu'ils cloisonnent et étiquettent les choses, les informations et les personnes. Vous qui repoussez sans cesse les limites, les contours, qui aimez regarder les situations sous plusieurs angles, plusieurs points de vue, vous faites figure d'extraterrestre pour eux, un peu idéaliste ou utopique. Vous ne les emmènerez jamais assez loin sur vos terres pour qu'ils puissent saisir la richesse et l'originalité de votre personnalité. Soyez sage : demandez-leur ce qu'ils peuvent vous donner en fonction des qualités et des goûts qu'ils ont. Ceux qui sont suffisamment ouverts le comprendront et vous considéreront comme complémentaires. Ceux-là pourront faire de bons associés s'ils vous respectent.

Certains d'entre vous peuvent se poser la question d'expliquer ou non à leur entourage la manière dont vous fonctionnez et pourquoi on vous qualifie parfois de zèbre ou de surdoué… D'expliquer oui mais pas de vous qualifier de surdoué car qui aurait envie d'entendre quelqu'un lui expliquer qu'il est beaucoup plus rapide et peut-être plus intelligent que lui ? Ils vous prendraient pour quelqu'un de prétentieux et d'arrogant. Ce serait une manière de tendre le bâton pour vous faire battre, alors que vous bousculez déjà nombre d'entre eux dans leurs certitudes.

Mieux vaut les valoriser et les rassurer et s'ils vous sont hostiles, vous en protéger. Un dialogue est-il réellement possible en face d'un pur cerveau gauche qui a l'impression de tout comprendre et de tout maîtriser, qui a un sentiment de supériorité et une attitude proche du mépris ? Il faut avoir de grands talents de médiateur et de conviction, ce qui est loin d'être évident. Par des chemins détournés, vous pouvez l'amener à changer d'avis, mais il faut que cela vienne de lui, qu'il le découvre par lui-même. Mieux vaut en effet éviter de lui démontrer qu'il a tort, vous le mettriez en difficulté et vous risqueriez de recevoir une volée de bois vert en retour, sous forme de mépris, de déni ou d'assertions aussi fausses que désagréables.

En revanche, vous pouvez expliquer votre fonctionnement : que, pour ne pas bloquer votre processus créatif, vous brassez plusieurs idées en même temps et faites le tri *a posteriori*. Que ceci explique pourquoi vous ayez du mal à les mettre en ordre ; que le cheminement de votre pensée ne passe pas par un raisonnement linéaire (pensée séquentielle), mais des chemins plus complexes du fait de votre intuition (pensée en arborescence) ; faites-leur remarquer aussi que ce n'est pas parce que vous êtes brouillon, dispersé, que vous êtes moins professionnel, bien au contraire.

Si quelqu'un persiste à vous reprocher votre comportement, ne vous laissez en aucun cas dominer. Insistez en nommant votre différence de fonctionnement, en lui expliquant que votre manière de penser est différente de la sienne, mais que, pour autant, votre raisonnement vaut le sien (abstenez-vous de lui dire qu'il est même meilleur, même si cela vous démange !). Dites-lui bien que vous êtes différents et finalement complémentaires. Ainsi, chacun a son espace, sa vision et ses apports particuliers. En les mettant en commun, vous en sortirez tous les deux plus riches. Ça ne marche pas à tous les coups, mais cela vaut la peine d'essayer.

Partager ses idées, mais pas avec n'importe qui

Vous aimez être utile aux autres et œuvrer pour le bien commun. C'est souvent un moteur pour vous. Mais votre générosité et votre sens du partage vous jouent des tours si vous le faites systématiquement et, de fait, pas toujours à bon escient. Certaines personnes cultivent en effet l'art de profiter des talents et des idées des autres pour leur unique profit. Elles savent se mettre en valeur à vos dépens. Sachez les repérer. De plus, rendre service, quand on ne vous le demande pas ou que vous n'êtes pas payé pour cela, peut ne pas être apprécié, soit que la personne n'a pas besoin de votre aide, soit que vous faites un travail qu'un autre (ou vous-même) pourrait faire pour gagner sa vie. De même, faire à la place des autres les déresponsabilise et ne leur permet pas d'apprendre.

Quand vous partagez vos idées, faites-le donc avec des gens qui ont le souci de l'intérêt général. Non pas pour qu'ils aient une dette envers vous, mais pour être sûr qu'ils aient le même état d'esprit d'échange, qu'ils soient prêts à renvoyer l'ascenseur, même si c'est à quelqu'un d'autre. Faites le tri entre ceux qui méritent d'être aidés et les autres. C'est le principe du réseau qui rejette toute démarche unilatérale. Tout le monde doit aider tout le monde selon ses moyens. Sinon, si vous ne recevez jamais rien en retour, vous risquez d'être très déçu et, avec le temps, de devenir aigri.

Parallèlement, veillez à être identifié comme l'auteur de vos idées ou l'initiateur d'une décision, pour en recevoir les bénéfices. Faites appel à votre sens de la justice pour vous raisonner si vous n'attachez pas d'importance à ce genre de conduites ; ce n'est pas juste de se faire « voler » ses idées. Ce n'est pas juste que d'autres, des usurpateurs sans vergogne, récoltent les fruits de votre propre travail, sauf s'ils vous paient pour ça évidemment. Si vous vous dites (ce que vous faites souvent !) : « Qu'il prenne mes idées ce n'est pas grave ; je m'en fiche », ce n'est pas normal. On a bien compris que vous n'aviez pas d'ego, mais encore une fois faites appel à votre sens de la justice. Croyez-vous juste que quelqu'un s'attribue vos mérites à votre place ? Imaginez que quelqu'un d'autre que vous soit victime de cet abus. Comment réagiriez-vous ? Vous seriez probablement révolté. Alors, appliquez-vous les mêmes règles que pour les autres et donnez le bon exemple. Si vous favorisez les profiteurs, vous n'agissez ni dans votre intérêt ni dans l'intérêt général.

Ne pas se laisser impressionner

N'oubliez pas que vous êtes le plus souvent face à des neurogauchers qui ne voient et ne peuvent voir que leur point de vue. Ils défendent en quelque sorte la pensée unique. Vous avez beau essayer d'élargir leur horizon, cela ne marche pas forcément. Aussi, si vous n'êtes pas du même avis qu'eux, ne vous laissez pas démonter et restez ferme dans vos opinions, à moins qu'ils vous convainquent par la justesse de leur point de vue. Mais rappelez-vous qu'avec votre intuition vous êtes souvent dans le juste sans savoir expliquer pourquoi.

Ne vous laissez pas plus impressionner par la violence. Les rugbymen néo-zélandais se peignent le visage pour impressionner, déstabiliser et terrifier leurs adversaires. Certaines personnes font un peu la même chose par leur violence physique ou verbale, leurs coups ou leurs hurlements. Mais si elles se trouvent face à une personne qui a une bonne confiance en elle et ne se laisse pas prendre par leur jeu en répondant aussi calmement que fermement, il y a des chances, soit qu'elles se calment, soit qu'elles cherchent d'autres victimes. C'est important de comprendre que quelqu'un de violent a une grande fragilité intérieure, une blessure profonde complètement masquée et occultée par son comportement extérieur. Pensez-y, cela devrait vous aider à ne pas le surestimer et à ne pas penser qu'il ne peut que gagner.

À l'inverse, si vous ne vous défendez pas face à ce type d'individus, vous lui lancez un signal de faiblesse. En règle générale, quelqu'un qui ne réagit pas quand il est agressé, réveille ou renforce l'agressivité de l'autre qui cherche presque inconsciemment une réaction de sa part et cogne plus fort pour la susciter ; cette posture réveille chez lui son agressivité.

→ Prendre soin de soi

Avoir conscience de sa vulnérabilité au stress et au *burn out* ou au *bore out*

Vous êtes particulièrement vulnérable au stress et parmi les premières victimes du *burn out* (épuisement), dont on connaît les dégâts au niveau de la santé physique et mentale, et la difficulté de se reconstruire une fois que l'on a dépassé ses capacités de résistance. Moins connu, mais tout aussi éprouvant, l'ennui, le *bore out*. Si vous n'êtes pas suffisamment occupé, si vous êtes mis dans un placard pour vous dégoûter et vous pousser à partir ou si ce que vous faites vous ennuie terriblement, vous pouvez en souffrir. Ne minimisez pas ses effets qui peuvent être tout aussi dévastateurs que le trop-plein, pour des personnes comme vous en quête de sens. Il faut que vous soyez très vigilant et sachiez vous préserver.

Plusieurs facteurs expliquent que vous soyez des victimes potentielles de ce type de souffrance : votre hypersensibilité, votre haut niveau d'exigence, votre conscience professionnelle, votre empathie, votre goût pour la perfection, du travail bien fait, votre besoin de mouvement, de sens, de cohérence… Si vous vous trouvez dans une situation où vous n'avez pas les moyens humains, matériels ou financiers de mener à bien votre mission ou votre projet, vous allez pousser vos limites trop loin en tentant en vain d'atteindre vos objectifs.

Pour échapper à cette quête sans fin, vous devez vous imposer des limites et des protections, avant qu'il ne soit trop tard, et les respecter. Acceptez que le résultat soit imparfait. Visez la qualité, mais en rapport avec les moyens à votre disposition. S'ils ne sont pas suffisants et que de fait vous ne pouvez pas atteindre le résultat demandé ou que vous souhaiteriez, ne culpabilisez pas. La responsabilité en incombe non à vous-même, mais à la personne ou à la structure qui n'a pas voulu ou pu les mettre à votre disposition. Ne prenez pas la responsabilité de décisions ou de situations sur lesquelles vous n'avez pas la main ni le pouvoir de changer les choses. Mettez-vous des limites très claires. Veillez à ne pas récupérer la « patate chaude ». Au besoin, alertez vos supérieurs et laissez des traces écrites de vos observations ou demandes si vous avez l'impression que personne ne souhaite prendre le problème en main et que vous n'êtes pas en mesure de le résoudre seul. Cela vous évitera de devoir porter le chapeau injustement.

Gérer son impulsivité et son impatience

Vous agissez et réfléchissez très vite sans avoir toujours conscience que beaucoup ne peuvent pas vous suivre. Comme vous « savez », « sentez », « voyez » ce qui est et ce qu'il faut faire avec rapidité et clairvoyance, vous êtes parfois impulsif, impatient et vous vous agacez. Un dirigeant souffrait beaucoup paradoxalement de sa rapidité de pensée. Il avait trouvé un moyen pour se contrôler tant bien que mal et s'empêcher d'interrompre son interlocuteur dès les premiers mots parce qu'il avait compris ce qu'il allait dire : il comptait jusqu'à dix avant de lui répondre. Le stratagème l'épuisait. Il était urgent qu'il change de poste et d'interlocuteurs. Si, comme lui, vous pensez que votre patience est à bout, ne tardez pas à réagir et à essayer de trouver un autre poste ou d'autres projets où vous puissiez travailler avec des gens au moins aussi rapides que vous.

Si vous vous reprochez cette impatience, accordez-vous des circonstances atténuantes au lieu de culpabiliser ; imaginez-vous accorder vos pas avec quelqu'un qui marche soit beaucoup plus vite que vous, soit beaucoup plus lentement, vous serez vite essoufflé ou fatigué d'être obligé de ralentir votre marche. Vous pouvez maintenant comprendre pourquoi se ralentir est épuisant.

Ne pas tomber dans l'hyperactivité

Vos nombreuses idées alimentent votre enthousiasme et votre énergie et vous donnent envie de mener plusieurs actions de front. Ce besoin d'action frise parfois l'hyperactivité. On peut admirer votre efficacité, mais soyez conscient de deux choses : d'abord c'est probablement fatigant pour vous et encore plus pour ceux qui vous entourent ; ensuite, vous pouvez manquer de concentration, vous disperser, vous éparpiller. Vous devez rester attentif à aller jusqu'au bout de vos actions, à ne pas vous laisser distraire et à rester attentif au monde environnant. Poussée à l'excès, cette tendance à l'hyperactivité peut s'accompagner de troubles d'attention biologique médicalement reconnus (TDA/H*, trouble du déficit d'attention avec ou sans hyperactivité). Une sorte de pathologie dont souffrent aujourd'hui de plus en plus d'enfants trop sollicités par tout ce qui les entoure.

Écouter ses envies et ses besoins
pour s'imposer

Écoutez vos envies profondes. Bien sûr, il faut naviguer entre le principe de réalité et le principe de plaisir. Mais vous ne pouvez pas à longueur de temps faire des efforts et faire appel à votre volonté pour réaliser des choses qui vous déplaisent, voire vous répugnent ; sauf, bien sûr, si vous vous trouvez dans une situation extrême et que vous n'ayez pas d'autres issues. Vous devez respecter votre moi profond. Vous n'êtes pas non plus obligé de vous écraser face à une majorité, de vous adapter systématiquement aux désirs du plus grand nombre, d'écouter des discours qui ne vous intéressent pas, etc. Prenez soin de vous, écoutez-vous et respectez-vous. Vous pourrez ainsi instaurer un environnement où chacun fait des compromis pour aller vers l'autre, et pas seulement d'une manière unilatérale et à votre détriment.

Transformer son insatisfaction en énergie positive

Quand on travaille dans un environnement qui s'apparente à une cage dorée du fait d'un salaire important, d'une certaine sécurité de l'emploi, d'un environnement confortable, etc., se pose un dilemme : quelle est ma priorité ? Est-ce que la sécurité l'emporte sur mes rêves et mes envies ou est-ce que je choisis la liberté au risque de vivre dans une certaine précarité et peut-être de tout perdre ? Est-ce que mes frustrations étant trop fortes, je risque de me rendre malade ?

Si vous ne trouvez aucun plaisir dans votre poste et au cas où vous ne puissiez bouger faute d'opportunités, essayez de prendre des initiatives, d'élargir votre champ d'action, de vous trouver de nouveaux projets... Soyez inventif. D'ailleurs, l'ennui, s'il ne dure pas trop longtemps, peut être un terrain propice pour la création. Regardez les enfants : quand ils s'ennuient, ils développent des trésors d'imagination pour inventer un jeu, une histoire, s'amuser avec un rien... Alors que s'ils n'ont aucune frustration, ils n'ont plus le temps d'être créatifs et sont souvent très pénibles...

Commencez par ne pas projeter vos qualités sur les autres. Ne croyez pas que parce que vous donnez, vous allez forcément recevoir, sinon vous allez vite déchanter. On peut comprendre que même si vous êtes attaqué, vous ne vouliez pas vous défendre avec des moyens qui ne correspondent pas à vos valeurs, mais essayez de trouver une parade pour ne pas être simplement une victime lucide.

Chapitre 6

Des talents singuliers à révéler

Ce chapitre s'adresse à ceux qui n'ont pas encore pu profiter à plein de leurs potentiels et de leurs talents. Commencez par changer votre regard sur vous-même, en vous reconnaissant comme atypique, en l'assumant et en vous affirmant comme tel.

→ Soigner sa communication

Être et penser de manière positive[1]

Votre moral fait les montagnes russes et votre humeur est en général assez changeante. Vous êtes plein d'enthousiasme quand tout va bien, que vous vous passionnez pour un projet, mais dès que vous en percevez les limites, que vous voyez les nombreux obstacles à franchir, que votre horizon semble bouché ou que vous vous sentez rejeté, votre enthousiasme fond comme neige au soleil. Votre humeur peut alors passer de l'euphorie à la morosité, voire à la déprime. On se souvient du *black dog*, comme l'appelait Churchill,

---

1. Le concept de pensée positive est apparu dans les années 1950 avec notamment la parution de l'ouvrage *Puissance de la pensée positive*, de Vincent Norman Peale, pasteur et auteur américain.

qui le faisait passer facilement de l'euphorie (dans l'action) à la dépression (quand il était empêché d'agir).

Pour ceux d'entre vous qui ont accumulé déceptions, échecs et frustrations, faites particulièrement attention à votre communication, au choix des mots que vous utilisez. Veillez tout particulièrement à utiliser des tournures de phrase positives. Car, quand vous êtes frustrés, déçus, voire aigris, vous avez tendance à vous exprimer de manière très négative, en ne voyant que le verre à moitié vide. Si c'est votre travers, entraînez-vous à dire les mêmes choses dans le fond, mais sous une forme dynamique. La réaction de votre interlocuteur sera très différente si vous réussissez. Soyez bien conscient que chacun ayant suffisamment de préoccupations et de soucis à gérer, personne n'a envie de supporter la négativité des autres. Ne vous positionnez pas plus en victime ; ça agace. Ceux qui se plaignent et râlent sans cesse font fuir, même les mieux intentionnés à leur égard.

Combattez ce sentiment d'échec personnel et ce terrible sentiment de gâchis et d'injustice, si votre potentiel n'est pas utilisé, si vous ne réussissez pas comme vous le devriez, si ni vos compétences ni vos qualités ne sont reconnues alors que vos collègues décrochent des promotions parce qu'ils sont plus politiques et savent se mettre en avant, si votre déception est grande, car vous constatez que votre vision du monde n'est pas partagée, que le monde est plein d'absurdités…

Attention également à ne pas ratiociner ou à devenir complètement égocentré, en vous concentrant trop sur votre blessure, au lieu de relativiser et d'avancer en vous projetant dans le futur ou dans d'autres projets. Veillez à ne pas laisser vos idées noires vous envahir. Ne vous en prenez ni à vous ni aux autres. Cherchez plutôt à mettre en place une stratégie pour faire reconnaître vos talents, trouvez des alliés, changez d'environnement, communiquez différemment…

Mettre de l'ordre dans ses idées et structurer ses propos

Votre pensée en arborescence vous donne l'occasion d'ouvrir une multitude de parenthèses, en fonction des nombreuses associations qui vous viennent à l'esprit au fur et à mesure. De fait, on vous reproche d'avoir un côté brouillon et dispersé. Ainsi, sans vous en rendre compte la plupart du temps, vous sautez d'une idée à une autre. Vous les visualisez… sans les exprimer de vive voix et passez ainsi du coq à l'âne. Vous changez de sujet parfois à chaque phrase en ouvrant une multitude de parenthèses. Difficile de suivre le fil de votre pensée ! Même bien concentrés, vos interlocuteurs ont souvent du mal à reconstituer et donc à suivre les méandres de votre pensée. Vous pouvez les épuiser. Vous arrivez à vous perdre aussi et à ne plus vous souvenir du point de départ de votre raisonnement, de votre pensée… Vous devez donc mettre de l'ordre dans vos idées pour structurer vos propos, sinon vous ne serez pas écouté ou alors vous demanderez un très gros effort d'attention à votre interlocuteur. Faites des plans, même si l'exercice est un vrai casse-tête pour vous.

Surtout, ne culpabilisez pas si vos idées partent dans tous les sens. C'est le propre de la création qui commence toujours par un flot d'idées en vrac. Mettez votre jugement (cerveau gauche) de côté dans la phase de démarrage, car il bloque l'imagination. Faites le tri ensuite entre les bonnes et les moins bonnes, avant de les mettre dans l'ordre et d'en tirer quelque chose, un projet… Parmi elles, vous en aurez de très intéressantes, novatrices, voire révolutionnaires.

Une jeune femme ingénieur racontait que son premier patron était très confus, très fouilli et qu'au départ, elle avait beaucoup de mal à le comprendre. Puis au bout d'un certain temps, elle a réussi à comprendre sa logique et à suivre le fil de sa pensée. À partir de là, elle a beaucoup appris grâce à lui. Elle s'est aperçue qu'il était d'excellent conseil, qu'il donnait toujours une vision globale d'une situation, qu'il tenait à faire des projets dans l'intérêt de l'entreprise, qu'il aimait à transmettre ses compétences et connaissances. Mais comme tout le monde n'a pas la clairvoyance ni la patience de cette jeune femme, vous avez intérêt à commencer par réunir vos idées, les analyser, puis les structurer, pour les restituer en étant écouté et entendu.

Comme vos idées foisonnent, vous pouvez être distrait, rêveur, désorganisés, perdre facilement le fil de votre pensée. Vous perdez alors en pouvoir de conviction et parfois en confiance en vous. Si l'on vous demande d'être plus synthétique, d'expliciter votre manière de faire, vous êtes aisément déstabilisé, car le raisonnement intuitif ne peut s'expliquer. Alors plutôt que de vous replier sur vous-même parce que vous vous sentez vulnérable, jusqu'à être parfois débordé par l'émotion, trouvez des moyens pour remédier à ces problèmes.

Pour commencer, prenez conscience que votre côté brouillon vient de votre pensée en arborescence et ne culpabilisez pas. Ayez de quoi noter à portée de main l'idée qui vous traverse l'esprit, afin de ne pas la perdre, car souvent une idée est une fulgurance qui, comme une étoile filante, disparaît aussi vite qu'elle est venue. Vous pouvez également vous enregistrer. Avec les téléphones d'aujourd'hui, c'est souvent très facile et adapté à la rapidité de votre pensée. Cela devrait éviter de vous déconcentrer et de vous disperser. Vous gagnerez en crédibilité. Cela peut aussi vous permettre de rester concentré sur votre objectif principal, en évitant d'ouvrir des parenthèses qui noieraient votre interlocuteur sous l'information et vous obligeraient à faire des digressions qui le perdraient et souvent comme on l'a vu, vous avec.

Quand vous voulez exposer et défendre vos idées, travaillez votre message pour que chacun puisse reconnaître vos talents et votre intelligence et en profiter. N'oubliez pas que les « cerveaux gauches » ont besoin de logique. Vous pouvez toujours envier leur pensée séquentielle, qui leur permet de faire des plans avec beaucoup plus de facilité que vous, mais ayez à l'esprit que leur production sera beaucoup moins riche et originale que la vôtre, car leur vision est moins large. Expliquez-leur votre but, votre souhait. Certes, vous savez improviser, mais vous gagnerez en clarté et en pouvoir de conviction en énonçant votre plan et en expliquant d'entrée de jeu là où vous voulez en venir. Exprimez-vous de manière claire, en soulignant même ce qui vous semble évident (n'oubliez pas : ce qui est évident pour vous ne l'est pas pour tout le monde). C'est souvent un vrai challenge car beaucoup d'entre vous ont du mal à être synthétiques et structurés. Votre pensée étant en mouvement perpétuel, vous mettez du temps pour la traduire de façon fluide. Vous pouvez vous aider d'un outil, les *mind map* (cartes heuristiques) qui reprennent le schéma de votre pensée en arborescence.

Vos idées, issues d'un fonctionnement de pensée complexe, ne sont donc pas encore abouties quand vous les énoncez. Mais ne les censurez pas, car la créativité naît d'associations entre elles. Puis, une fois la sélection faite entre les bonnes et les mauvaises, elles peuvent conduire à un projet plus riche et donc plus intéressant. Si vos interlocuteurs vous reprochent de dire des sottises ou de ne pas être assez structuré, expliquez-leur le processus de votre réflexion, effectivement différent du leur. Faites-leur comprendre que la création passe d'abord par une phase de surgissement des idées sans jugement (ce qui est fondamental), qui sont ensuite analysées et triées pour n'en garder que les meilleures.

Soigner ses présentations

Par moments, vous pouvez vous laisser impressionner par une apparence impeccable, un discours bien ficelé, des PowerPoint bien présentés. Vous pouvez vous laisser séduire par l'apparence ; en tout cas momentanément, car votre œil aiguisé voit vite si le message est creux et les informations absentes. Vous avez probablement lu des comptes rendus qui font plusieurs pages, avec de beaux graphiques et de belles couleurs, mais qui en réalité sont vides de sens avec un vocabulaire abscons.

Pour autant, vous devez faire attention à la qualité visuelle de vos présentations qui forgeront une première image de vous auprès de votre public. Aussi, après avoir soigné le fond, occupez-vous de la forme pour dégager une image de professionnalisme. Plus elle est aérée, agréable à voir et à lire, avec éventuellement des tableaux et/ou des images, plus elle captera l'attention. Vos interlocuteurs se projetteront plus vite et avec plus de plaisir dans votre plan.

Si vous voulez vous faire entendre, vous devez non seulement bien monter votre projet, mais aussi être convaincu de son bien-fondé. Affûtez vos arguments. Tâchez d'identifier les failles de votre projet ; anticipez les réactions ; si vous voulez faire des changements d'organisation ou autres, montrez en quoi chacun peut y gagner dans son quotidien, etc. Préparez un plan d'intervention avec un angle d'attaque permettant d'être incisif dès le départ, de capter l'attention, de susciter l'adhésion avec des arguments qui fassent mouche.

Essayez de rendre votre projet le plus concret possible pour que les gens puissent le visualiser autant que faire se peut. Utilisez images, métaphores, exemples de réussite… Bref, tout ce qui pourrait donner aux uns et aux autres l'envie d'adhérer à votre vision, à votre projet. Le tout est d'éviter de réveiller leurs peurs de l'inconnu, de perdre leur poste, leur pouvoir ou leurs responsabilités… Amenez-les vers vos idées, plutôt que l'inverse. Vous devrez certes déployer des trésors de pédagogie et de patience, mais faire bouger des personnes qui ont compris l'intérêt du projet vous facilitera grandement la tâche. Et ce temps de préparation vous en fera gagner *in fine*.

Convaincre son auditoire

Que faire si, à vos suggestions de changement, on vous oppose « mais on a toujours fait comme ça » ; sous-entendu « pourquoi changer ? ». Demandez alors à la personne de vous expliquer l'intérêt de continuer à faire comme elle l'a toujours fait. Si vous vous heurtez encore à un mur, dites que vous refusez toute critique qui ne soit pas contrebalancée par une autre proposition. En général, les gens sont contre par principe, mais n'ont pas, pour autant, d'idées de substitution à vous proposer. Dans ce cas, vous pouvez leur dire qu'en l'absence d'autres propositions, la vôtre sera adoptée faute de mieux… Si le blocage persiste, vous pouvez tenter votre va-tout en proposant de trouver une autre personne que vous pour mener à bien le projet, car vous ne savez pas comment faire autrement que ce que vous proposez.

Faire de sa singularité une force

Votre capacité à penser en dehors des clous (*to think out of the box*) doit être mise en valeur et valorisée. Évitez les univers formatés, rigides. Vous avez plein d'idées, alors soyez force de proposition ; mais n'oubliez pas de bien préparer le terrain et d'identifier vos appuis. N'allez pas tout seul au combat, trouvez des complices. Allez les voir, testez vos idées avec eux. Faites-leur valider vos idées au besoin. Munissez-vous d'exemples pour montrer que penser autrement et par soi-même est utile à tous, rend libre et la vie plus intéressante, même si elle est parfois plus compliquée, car elle n'est pas toute tracée.

Certains se demandent s'ils doivent ou non expliquer leur mode de fonctionnement, le pourquoi de leur singularité. Nous vous le déconseillons formellement, car vos interlocuteurs peuvent vous rire au nez. Vous risquez de renforcer leurs défenses ou leur agressivité vis-à-vis de vous. Personne n'a envie de se voir expliquer qu'il est peut-être moins intelligent, moins rapide et/ou moins efficace !

Nommer les évidences et son fil rouge

Si vous avez souvent un raisonnement très juste, vous avez tendance à trop rester dans l'implicite et à ne pas nommer ce qui vous paraît évident. Rappelez-vous que ce qui l'est pour vous ne l'est pas forcément pour les autres. Tant pis, s'ils trouvent votre précision inutile. Prenons l'exemple d'un entretien d'embauche. Si vous avez un parcours très varié, vous devez prendre le soin de donner votre fil conducteur. Certes, pour vous, la richesse et l'intérêt de votre parcours vous paraissent évidents. Mais pour un cerveau gauche, si vous ne lui transmettez pas votre logique, il peut le percevoir comme décousu et sans ligne directrice ; il peut vous voir comme quelqu'un d'instable et donc peut-être de peu fiable. Bref, il peut passer à côté de la richesse de votre profil. Vous devez donc insister sur vos moteurs et dire par exemple que vous avez besoin de variété dans les tâches et les responsabilités, de challenges, de prise de risque...

Prendre conscience de l'impression que l'on renvoie

Prenez conscience que vous pouvez être pris pour un dilettante. Pour plusieurs raisons. D'abord vous n'écoutez pas toujours jusqu'au bout votre interlocuteur, car vous avez rapidement compris où il voulait en venir. Il peut en déduire que ce qu'il vous dit ne mérite pas votre attention ou que vous n'êtes pas investi, ou que vous le prenez de haut... Bref, tout ce qu'il peut projeter de sa propre vision de lui-même. Quoi qu'il imagine, le fait que vous ne lui donniez pas de signe explicite de son importance rend l'expérience assez désagréable pour lui. Peut-être l'avez-vous parfaitement entendu et compris, mais que vous ne vous appesantissez pas sur le sujet, car vous savez déjà comment le traiter et le régler ou vous le jugez insignifiant, ou sans intérêt. Mais pour votre interlocuteur qui fonctionne différemment, qui est peut-être besogneux ou a besoin d'être rassuré et écouté, il peut le vivre comme une frustration, avoir la sensation de ne pas recevoir ni assez de temps ni assez d'attention. Votre non-réaction peut alors avoir un effet délétère. Il peut se vexer ou l'interpréter comme à la fois un comportement léger et peu professionnel, penser que vous ne vous sentez pas très impliqué, que vous prenez les choses un peu trop par-dessus la jambe, que vous minimisez l'importance du sujet... Si vous réalisez tout cela, vous pouvez rectifier le tir, par exemple en reformulant ce que vous a dit votre interlocuteur. Vous lui signifierez ainsi que vous l'avez écouté, entendu et pris au sérieux.

Se soucier de son image

Vous ne faites pas toujours suffisamment attention à votre image, car cela ne correspond pas à vos préoccupations et à votre volonté d'authenticité. Mais dans la société d'aujourd'hui où les gens se côtoient sans se connaître vraiment, cela peut être très dommageable. Vous pourriez passer inaperçu et donc ne pas récolter le fruit de votre travail et de vos efforts.

Autorisez-vous à afficher votre style, même si vous détonnez dans le décor. Peut-être qu'en début de carrière, pour entrer dans le système, vous devrez faire quelques concessions, mais quand vous avez pris de l'assurance et avez fait vos preuves, faites coïncider votre look avec votre personnalité, dans un souci de cohérence et d'affirmation.

Votre apparence peut vous sembler sans importance. Vous êtes de ceux qui pensent que « l'habit ne fait pas le moine ». Vous avez raison, mais le monde d'aujourd'hui est un monde d'image. Si malgré un esprit vif, acéré et visionnaire, vous avez un look ringard, sans style, démodé…, votre originalité et votre esprit innovant ne transparaissent pas dans votre habillement. Du coup, ceux qui ne vous connaissent pas suffisamment peuvent se faire une image fausse de vous.

Il faudra que vous déployiez plus d'efforts pour être vu tel que vous êtes. Fut une époque où quelques agences ANPE (devenue Pôle Emploi) offraient à des personnes en grande difficulté et sans emploi des séances pour travailler sur leur apparence : coiffure, maquillage, choix des couleurs, manucure… ce qui leur permettait de retrouver une meilleure estime d'elles-mêmes. De même, Mathilde, désireuse de trouver un job plus en adéquation avec elle-même, était allée voir la *relookeuse* d'un grand magasin parisien. À l'issue de l'exercice, elle s'est regardée dans le miroir et raconte : « Je me suis vue telle que j'étais. C'était moi. » Cette relookeuse avait su voir et révéler sa personnalité (et non la trafiquer, comme cela arrive parfois dans cette profession et dans les émissions de télévision consacrées au sujet). Quelqu'un de soigné, d'agréable à regarder parce que sa personnalité est mise en valeur par le choix de ses vêtements avec des couleurs qui lui vont au teint et des formes qui siéent à sa silhouette, aura plus de chances d'être perçu comme une personne de confiance et d'être apprécié et écouté pour ce qu'il est.

→ Mettre en valeur son parcours

Écrire son propre *storytelling*

Pour vous faire connaître et reconnaître, il faut donner à vos interlocuteurs les clés pour vous comprendre et comprendre votre parcours. Facilitez-leur la tâche, en dégageant le fil rouge de votre parcours et construisez votre propre *storytelling*. Il ne s'agit pas de broder ni de raconter une histoire artificielle, bien au contraire, il s'agit d'être au plus près de la réalité, en faisant ressortir vos compétences, vos spécificités et vos moteurs, tout en dégageant vos points forts et vos motivations. Lorsque votre parcours a été très sinueux, il est important d'en mettre en valeur la logique cachée.

Pour se faire, passez en revue l'histoire de votre vie et faites le bilan de vos réussites et de vos échecs. Réfléchissez à ce que les difficultés vous ont appris. Sachez en parler de manière positive, c'est-à-dire en soulignant les enseignements que vous en avez tirés. Exprimez ce qui vous anime et montrez le plaisir que vous avez éprouvé quand vous avez mené à bien un projet, quand vous avez relevé avec succès un défi…

En affirmant votre personnalité, vous allez peut-être déplaire à quelques-uns, voire beaucoup (n'oubliez pas que les cerveaux droits sont minoritaires), mais vous allez en attirer d'autres avec lesquels vous vous sentirez à l'aise et qui regarderont votre parcours avec intérêt.

Focus

Soigner votre CV et votre profil dans les réseaux sociaux

La plupart des CV se ressemblent, comme s'il y avait un modèle tacite à suivre. Ils sont souvent d'un conformisme mortel. Pour mettre en valeur votre originalité, vous devez faire ressortir l'intérêt de votre profil. Aussi, avec mes clients qui souhaitent évoluer au sein de leur entreprise ou en dehors, nous le retravaillons en profondeur, tant dans la forme que dans le fond. Il s'agit d'un travail d'orfèvre. Chaque mot est pesé, chaque expérience est analysée, chaque espace ou police de caractères est choisi avec soin, pour mettre en avant leur expérience, la spécificité de leur parcours. Ce travail de synthèse et de conceptualisation leur permet de verbaliser leur singularité. Ils sont alors fiers du chemin parcouru. C'est une manière aussi de s'assurer que leur interlocuteur ne passera pas à côté de leurs belles qualités, car elles ressortent de manière efficace, sans heurter leur modestie. Ce travail sert également de base pour rédiger leur profil sur les réseaux sociaux, écrire au besoin une lettre de motivation et préparer leurs entretiens.

Cette étape de rédaction/conception du CV est très gratifiante pour prendre conscience du travail et de la trajectoire accomplis. Les personnes se présentent ainsi de manière explicite et efficace, mettant en relief leurs spécificités et leurs originalités. Ce travail de réflexion et rédaction fait en outre gagner un temps précieux aux ressources humaines de leur entreprise ou au recruteur, s'ils cherchent ailleurs. C'est un travail de fond qui nécessite beaucoup de réflexion en amont, mais l'investissement en vaut le coup. Le fait d'oser afficher sa différence et ses spécificités, de les mettre en avant, tout en rendant la lecture de leur CV à la fois agréable, efficace et rapide, donne de très bons résultats. Ceux qui ont joué le jeu de la créativité attirent des personnes qui leur ressemblent.

J'ai mis au point cette méthode il y a quelques années, pour aider au départ une femme qui avait une forte personnalité et un parcours tellement divers et riche que les ressources humaines ne comprenaient pas ce qu'elle cherchait, ce dont elle avait réellement envie. Tout l'intéressait à condition que cela soit nouveau. Cette recherche trop large n'aboutissait à rien. Du coup, cela faisait plusieurs années qu'elle souhaitait changer de poste et que rien de ce qui lui était proposé ne la tentait. De plus, son parcours était mal connu parce qu'elle travaillait dans un groupe issu de plusieurs fusions et, donc, de plusieurs cultures. Personne n'avait compris la richesse et la diversité de son parcours qui, à l'état brut, paraissait bien sinueux. En travaillant sur son CV, nous avons pu souligner son fil rouge : une grande prise de risque, des projets en phase de lancement dans des domaines chaque fois différents et dans des zones géographiques les plus diverses. À l'issue de notre travail, elle s'est vu proposer un poste passionnant à Singapour, tel qu'elle le souhaitait.

Ce travail est utile à tous, mais plus particulièrement à vous, car votre personnalité étant complexe, vous pouvez être mal perçu par des personnes qui fonctionnent très différemment et dont nous avons vu qu'elles sont très majoritaires. Faire ce travail de fond va permettre aux autres de mieux vous comprendre. Vous les aiderez ainsi à se projeter dans votre univers, à mieux vous comprendre et à vous apprécier à votre juste valeur. Ce travail nécessite l'aide d'une autre personne (RH, coach, etc.), car il est beaucoup plus compliqué qu'il n'y paraît.

Mettre en avant l'intérêt de son parcours professionnel

Beaucoup d'entre vous ont tendance à multiplier les expériences, tant en termes de secteur que de métier, voire de zone géographique, que de pays. Un médecin racontait que durant sa formation, il avait travaillé dans différents services et spécialités, lui permettant de prendre conscience des liens entre les différents organes et que durant toute sa carrière, il avait ainsi pu comprendre et traiter ses patients dans leur globalité, sans se focaliser sur un symptôme, mais en cherchant la source de leurs problèmes. De même, les personnes qui travaillent dans l'audit, la finance, en passant par les achats et les RH ont une vision plus large de l'entreprise qui leur permet de mieux tenir compte des besoins des différents départements. Si votre parcours semble hétéroclite, ne cherchez pas à le masquer, mais au contraire à le valoriser et à en montrer la richesse, son fil directeur et, d'une certaine manière, la logique qui le sous-tend. Faites de votre différence un atout. Plutôt que d'essayer de gommer vos aspérités, d'adopter une posture qui ne vous convient pas, affirmez-vous et montrez ce que vos spécificités peuvent apporter à un poste, à une équipe, à une entreprise. Vous allez faire peur à quelques-uns qui se sentiront dévalorisés en comparaison et/ou en danger du fait de vos talents comparés aux leurs, mais vous serez apprécié par une poignée d'autres pour de bonnes raisons.

Bien souvent, les recruteurs préfèrent sélectionner quelqu'un qui a déjà l'expérience pour le poste, plutôt que de choisir une personne qui a le potentiel pour l'occuper, sans l'expérience. Pour sélectionner un profil atypique et innovant comme vous, qui n'avez pas nécessairement l'expérience, mais qui avez le potentiel, ils doivent être prêts à prendre des risques. Peu sont capables et prêts à le faire. À vous de les convaincre que ce sera un pari gagnant qui peut rapporter gros à l'entreprise, en lui permettant d'élargir son champ de vision, d'apporter du dynamisme, un regard neuf et des idées innovantes… Rassurez-les, car ils ont souvent peur de se tromper. Ils doivent ensuite assumer leur décision de vous recruter en vous accordant du temps et de la confiance et en vous donnant les moyens de réussir, à la fois financièrement et humainement.

Savoir convaincre et vendre ses idées

C'est un travers bien français que de ne pas savoir vendre ses produits ou se vendre. En France, il est de bon ton d'être modeste, de ne pas se vanter. Avoir de la culture est prestigieux, vendre ne l'est pas. Vous remarquerez qu'un Anglo-Saxon a rarement ce type de problèmes. Chez nous, c'est encore trop souvent considéré comme une façon de s'abaisser. Nous pensons trop souvent que les mérites d'une personne ou d'un produit n'ont pas à être vantés puisque leurs qualités devraient leur suffire pour rencontrer le succès. Force est de constater qu'être bon, même excellent, ne suffit pas. Les répercussions d'un tel raisonnement sont souvent très fâcheuses ; bon nombre d'idées géniales nées en France font la fortune d'autres personnes qui savent les exploiter hors de nos frontières. Parfois, elles reviennent quelques années plus tard dans l'Hexagone et sont accueillies comme novatrices et venant d'ailleurs. Quelques exemples : le jean est d'origine française, mais il a connu un grand succès outre-Atlantique, avant d'être réintroduit en France avec l'image d'un produit américain ; le Minitel lancé en France ne s'est jamais bien exporté et pourtant c'est l'ancêtre d'Internet. Qui connaît le Français Roland Moreno l'inventeur de la carte à puce ? Le coaching a vu le jour en France, mais s'est développé aux États-Unis, car les Français n'aimaient pas reconnaître qu'ils avaient des problèmes. Il n'a été réintroduit en métropole qu'à la toute fin des années 1990.

Aussi, si vous avez des idées et de bonnes idées (!), réfléchissez à la manière dont vous pourriez les promouvoir et élaborer une stratégie pour être écouté et entendu. Si vous êtes en entreprise, préparez le terrain avant d'en parler, pour ne pas susciter de rejet par incompréhension ou manque d'adhésion de votre entourage. Avant de vous lancer, essayez de vous mettre à la place de votre interlocuteur et de voir les choses de son point de vue pour anticiper ses réticences. Rassurez-le aussi.

N'oubliez pas que vous aurez besoin de pouvoir de conviction, mais aussi de courage et de persévérance, car défendre des idées face à une majorité de gens qui ne vont pas forcément être coopératifs, du moins au début, n'est pas chose facile. Dites-vous aussi que vous trouverez toujours des gens pour admirer votre ténacité et votre engagement.

Modifier son rapport à l'argent

Votre rapport à l'argent mérite que l'on s'y arrête. L'argent en tant que tel ne vous intéresse pas vraiment. Ce qui ne veut pas dire que vous le méprisez, car n'oublions pas que vous aimez les belles choses et la qualité et que tout ceci a un prix. Mais gagner de l'argent n'est pas ce qui vous motive le plus. Ce n'est pas votre principal critère de réussite, tant s'en faut. De fait, vous êtes souvent beaucoup moins bien payé que les autres à compétences égales. Et pour être correctement payé au regard de ses compétences, il faut savoir négocier son salaire ou ses honoraires. En mettant cet aspect sur un plan secondaire, vous vous fragilisez dans les négociations. Vous pouvez aussi être le jouet des profiteurs. Vous avez par exemple tendance à donner vos conseils au lieu de les vendre. C'est sympathique, mais ce n'est pas toujours juste ! Surtout s'ils sont précieux et que vous les offrez à des gens qui ne sauront pas vous « renvoyer l'ascenseur » et, pire, qui ne vous en sauront aucun gré, voire qui prétendront ne les avoir pas reçus de vous. Alors si vous voulez faire ce geste, choisissez bien vos cibles et votre public, car tout le monde ne les mérite pas. Encore une fois, ce n'est pas normal que d'autres récoltent des lauriers qui vous reviennent. Il n'y a que vous qui puissiez changer les choses. Un salaire, une augmentation ou le prix d'une prestation se négocient avec des arguments étayés. Et pour achever de vous convaincre et vous motiver dans cette démarche d'être payé au juste prix, dites-vous qu'il n'est pas normal de gagner autant ou moins qu'une personne qui n'apporte pas autant que vous à la collectivité. Il faut d'ailleurs que vous appreniez à recevoir autant qu'à donner, comme si votre orgueil ou votre fierté vous en empêchaient. Un point que vous devez absolument travailler.

→ S'organiser à sa manière

Assumer son rapport au temps

Votre relation au temps est elle aussi bien souvent compliquée. Comme vous avez tendance à vouloir faire le maximum de choses dans un minimum de temps, que vous n'aimez pas perdre votre temps, car vous avez plein d'idées en tête que vous voudriez voir aboutir, vous pouvez démarrer une action au dernier moment, à l'heure où vous devriez partir pour prendre un train par exemple. Sans marge de battement suffisante, vous avez alors au moins une chance sur deux d'arriver en retard.

Il n'est pas impossible non plus que vous oubliiez un rendez-vous ou que vous vous trompiez d'heure, de lieu ou de date. Il suffit que vous le preniez à un moment où vous êtes occupé à faire autre chose, que quelqu'un débarque dans votre bureau, que votre téléphone sonne… et vous oubliez de le noter sur votre agenda. Déjà une autre idée vous trotte dans la tête et vous déconcentre. Le sachant, essayez de vous concentrer et de faire en sorte que, si vous ne pouvez pas le noter immédiatement, vous ayez un « truc » pour vous le rappeler. Il est vrai, à votre décharge, qu'avec les téléphones portables, vous pouvez être joint à tout moment, quand vous n'êtes pas forcément en mesure de le faire immédiatement. Quelles que soient vos circonstances atténuantes, essayez de travailler ce point, car avec certaines personnes vous risquez de passer à tort pour désinvolte ou peu professionnel, ou pour quelqu'un qui manque d'exigence, alors que vous avez une conscience professionnelle souvent très forte, probablement supérieure à la moyenne.

Gérer ses priorités

Pour éviter de vous éparpiller et d'oublier l'essentiel, canalisez votre flot d'idées et votre envie de mener plusieurs projets de front, en vous fixant des priorités. Définissez-les et tâchez de ne pas en déroger. Sinon, vous allez ouvrir beaucoup de chantiers et n'en mener aucun jusqu'au bout correctement. Bien que vous ne soyez jamais meilleur que dans l'improvisation, fixez-vous des objectifs, car vous risquez de vous disperser et de partir dans tous les sens. Si vous organisez une réunion, définissez clairement l'ordre du jour de la réunion et tenez-vous-y. Demandez aux participants de la préparer en amont et donc de ne pas venir « les mains dans les poches », « en touriste », mais au contraire de réfléchir au sujet et d'être force de proposition, de faire des remarques constructives, de rester dans la bienveillance. Limitez la durée des réunions ; car plus elles sont longues et peu structurées, moins elles sont efficaces et engendrent de la déperdition d'énergie et de la frustration.

Vous n'êtes souvent pas organisé ou quand vous l'êtes, c'est plutôt à votre manière, avec votre logique. Alors, faites des efforts pour vous organiser *a minima* ou expliquez votre logique d'organisation pour que les autres ne trouvent pas trop pesant de travailler avec vous. N'oubliez pas qu'ils n'ont pas votre capacité d'adaptation et ne peuvent deviner votre logique.

Se hâter lentement

Ne vous précipitez pas ! C'est un de vos travers récurrents. Vos idées fusent. Associé à une grande spontanéité, vous pouvez avoir tendance à les partager trop vite. Un dirigeant racontait une de ses mésaventures. Un jour, il a une idée, décroche son téléphone, appelle un confrère pour lui proposer un deal qu'il vient d'imaginer. Mais à peine, entend-il le son de sa voix à l'autre bout du fil qu'il réalise que son idée est mauvaise. Penaud, il fait une pirouette et raccroche en se sentant stupide. En fonçant ainsi tête baissée, vous pouvez perdre bêtement en crédibilité. C'est un équilibre difficile à trouver pour laisser s'exprimer votre intuition, sans être impulsif ni vous emballer à tort et à travers. Prenez le temps de la réflexion. Un petit truc : si vous devez répondre à un e-mail qui vous a agacé et que vous n'avez qu'une envie, c'est de répondre sous l'impulsion de la colère : écrivez-le, mais ne l'envoyez que le lendemain quand vous l'aurez relu à froid. Il y a de fortes chances que son contenu aura évolué dans la nuit et que son ton sera plus tempéré et donc plus percutant !

On sait qu'un projet trop en avance sur son temps est rarement bien reçu. Il faut attendre son heure, ne pas se précipiter. On le voit bien en politique, il y a des moments où il faut être offensif, agir et d'autres où il faut se montrer patient et attendre le bon moment pour se lancer. Évaluez donc votre auditoire pour savoir quand, où et à qui proposer votre idée ou votre projet. Travaillez vos appuis en amont. Commencez par convaincre votre entourage proche. Montrez-lui le chemin en donnant éventuellement l'exemple ou recourez à des métaphores pour faire comprendre où vous voulez en venir. Et si vous ne souhaitez pas différer votre projet, vous serez peut-être contraint de le proposer ailleurs dans un environnement plus propice.

Chapitre 7

Des pistes pour une carrière réussie

→ Gérer ses relations aux autres

Comment parler aux esprits cartésiens (cerveaux gauches)

Vous pouvez faire l'effort de comprendre les neurogauchers, mais sachez que l'inverse n'est quasiment pas possible soit parce qu'ils ne le peuvent pas, soit qu'ils ne le veulent pas. Le sachant, que faire ? Prendre conscience de vos forces et qualités, de vos défauts et limites. Ceci vous permettra de vous situer de manière claire par rapport à eux. Au moment d'échanger avec eux, il ne faut pas perdre de vue leur manière de penser, logique et analytique. Il leur faut des arguments tangibles, factuels, vérifiables, dénués d'affects. Il faut donc que vous observiez leur langage et leur logique pour affûter les arguments qui feront mouche pour eux. Un de vos gros défauts qui vous fait perdre en crédibilité est de partir dans tous les sens, d'ouvrir de multiples parenthèses, de faire bon nombre de digressions. Tout ceci vous décrédibilise face à un pur cerveau gauche. Pour les convaincre, votre discours doit donc être très pensé et structuré au préalable, pour transmettre une vision claire du but à atteindre, en recourant aux exemples ou aux métaphores si besoin.

Si vous pilotez un projet, essayez de transmettre une vision, de fixer un objectif, en donnant les grandes lignes, les grandes étapes que vous avez en tête. Ne cherchez pas à leur imposer votre point de vue d'entrée de jeu. Il faut, encore une fois, leur laisser le temps de cheminer et les amener peu à peu à voir comme vous. Si vous commencez par dire : « Voilà pourquoi nous devons faire ceci ou cela » parce que vous y avez déjà réfléchi et que cela vous paraît évident, vous ne leur laissez pas le temps d'adhérer, à leur propre rythme, à vos idées. Et, dans ce cas, ils risquent fort de se bloquer et de faire de l'obstruction. Faites comme Socrate, questionnez-les pour les aider à élargir leur champ de vision. Écoutez bien leurs arguments pour essayer de trouver ce qu'il y a derrière leurs réticences : de la peur ? de la crainte de perdre du pouvoir ?... Il vous faudra donc de la patience, peut-être même beaucoup de patience. Soyez attentif à ne pas leur couper la parole ni à finir leur phrase à leur place. Ayez en permanence en tête qu'ils ont besoin de logique, de passer d'une étape à une autre et qu'ils suivent un sujet à la fois. Validez avec eux les points d'accord, avant de passer aux problèmes suivants.

Si vous travaillez ensemble et ne partagez pas le même point de vue, essayez de voir la situation selon leur perspective. Si vous considérez qu'ils se trompent ou font fausse route, mieux vaut les amener à aller au bout de leur raisonnement. Demandez-leur plus d'informations, plus d'explications, plus d'arguments... Mieux vaut qu'ils s'aperçoivent par eux-mêmes de leurs erreurs pour les corriger plus volontiers. L'idée est de les amener à voir par eux-mêmes la réalité dans sa complexité. En revanche, si vous commencez à leur démontrer par $a + b$ qu'ils se trompent, vous risquez d'obtenir le résultat inverse à ce que vous souhaitez. Ils peuvent alors s'arc-bouter sur leurs erreurs, nier catégoriquement l'évidence, faire preuve d'une mauvaise foi absolue. Car vous aurez renforcé leurs défenses, au lieu de faire appel à leur intelligence et de les aider à prendre du recul et de la hauteur de vue.

S'adapter, mais sans excès

Cette adaptation est nécessaire puisque, vous l'avez compris, les purs cerveaux gauches, majoritaires rappelons-le, ne savent pas vraiment le faire. Ne perdez pas de vue qu'ils ont une pensée séquentielle, et non en arborescence comme la vôtre. Leur monde est logiquement plus bipolaire : ce qui doit se faire et le contraire ; ce qui est bien et ce qui est nul, etc. Vous qui aimez à mettre des nuances, vous devez faire un effort pour vous faire comprendre, simplifier par moments votre pensée pour être audible, tout en dosant cette adaptation pour rester vous-même. Trouver le bon équilibre est donc loin d'être évident.

Bien sûr, il faudra faire quelques concessions et s'adapter *a minima*. Prenons l'exemple du champion de tennis. S'il a un revers formidable, s'il monte remarquablement à la volée, il ne peut pour autant faire l'économie de travailler son coup droit et de jouer en fond de court, car il ne couvrirait pas l'ensemble du terrain. L'art pour lui va être d'amener son adversaire à envoyer la balle là où il est le plus à l'aise.

Minoritaires dans votre manière d'appréhender le monde et les situations, beaucoup d'entre vous se sont, consciemment ou non, adaptés à leur environnement, aux gens qui les entourent, jusqu'à parfois se cacher derrière un faux self comme nous l'avons vu. Des caméléons en quelque sorte !

Si c'est votre cas, faites-le, mais seulement à bon escient et de manière limitée ; sinon vous allez vous épuiser à endosser un costume qui n'est pas adapté à votre morphologie. Le danger est, qu'au bout du compte, vous ne sachiez plus qui vous êtes, en occultant, voire en ignorant vos talents. Ce serait un énorme gâchis, car, non seulement vous ne prendriez pas en compte vos besoins et perdriez en authenticité, mais en plus vous gommeriez tout ce qui fait votre richesse et vous rend unique.

En tout cas, si vous devez vous suradapter, essayez de le faire sur un temps limité, par exemple en début de carrière, ou à un moment difficile, ou pour expérimenter votre zone d'inconfort. Mais veillez à ne pas le faire sur une durée trop longue, vous dépenseriez trop d'énergie inutilement que vous pourriez utiliser à créer, à imaginer, à produire…

Parfois, à force de vous adapter, volontairement ou non, vous pouvez être partagé entre la volonté de vous adapter encore et encore, et l'envie de tout envoyer promener, incapable de supporter une réunion inepte de plus, de perdre votre temps dans des palabres que vous jugez inutiles… Ne laissez donc pas votre niveau d'insatisfaction et de frustration vous envahir ; réagissez avant de vous mettre en difficulté. Les gens jugent souvent sévèrement ceux qui perdent leur sang-froid ; à moins que, cela vous arrivant rarement, vous créiez un effet de surprise qui leur fasse réaliser que votre patience est à bout.

Cerner son interlocuteur

Il s'agit de savoir à qui l'on a affaire. Non pas pour porter un jugement et mettre une étiquette, ni pour dominer l'autre, mais pour rendre l'échange le plus efficace possible. En utilisant votre ressenti, votre intuition, votre intelligence émotionnelle, il s'agit de recueillir une multitude d'indices qui vous permettront de vous ajuster et de trouver la juste attitude par rapport à la situation, la personne, sa fonction. Vous pourrez alors trouver le bon ton, ni trop familier, ni trop formel, être ni trop souple, ni trop rigide, vous montrer ni trop chaleureux, ni trop froid, vous exprimer de façon ni trop obséquieuse, ni trop décontractée ; vous éviterez d'en dire trop (mieux vaut éviter d'être transparent avec n'importe qui) ou pas assez.

Alterner solitude et échanges

Vous aimez alterner des moments de solitude et de convivialité. Vous avez besoin par moments de tranquillité et de calme pour vous ressourcer et laisser émerger des idées nouvelles tout en aimant aussi à partager avec d'autres pour vous enrichir de vos regards différents. Les organisations en silo où chacun travaille de son côté sans tenir compte de son voisin ne vous conviennent donc pas, d'autant que vous êtes convaincu que l'entreprise n'a rien à y gagner. Ne vous sentez pas responsable de tout et de tout le monde et écoutez en priorité vos besoins.

Assumer d'avoir raison contre tous

Vous êtes souvent en position d'avoir raison contre tous. Une position bien inconfortable qui vous déstabilise et peut vous faire perdre confiance en vous. De nombreuses expériences ont été menées, montrant qu'il est très difficile de résister face à la pression de la masse. Souvent, au bout d'un certain temps, ceux qui sortent du lot, qui affirment des points de vue différents des autres, finissent, à tort, par se ranger à l'avis général en s'imaginant se tromper puisqu'une majorité de gens pense différemment d'eux.

Si vous êtes dans cette situation, il faut écouter votre intuition et avoir un comportement assertif. Car le plus important pour bien vivre votre appartenance à cette population de cerveaux droits est de vous assumer en tant que tel, de reconnaître vos talents et vos qualités et d'être conscient des difficultés qu'ils impliquent. Si vous manquez d'assurance, si vous n'arrivez pas à vous imposer, si vous vous sous-estimez, si vous dénigrez vos talents, vous allez renforcer – évidemment involontairement – l'hostilité des autres.

Choisir ses combats

Ne vous butez pas. Votre sens aigu de la justice vous transforme en défendeur des grandes causes. Pour autant, vous ne pouvez pas vous battre sur tous les fronts. Sélectionnez les causes qui vous tiennent le plus à cœur et lâchez du lest sur les autres. Sinon vous allez vous épuiser et disperser vos forces. Et par moments, pour arriver à ses fins, il est plus astucieux de prendre des chemins de traverse, de s'assurer des appuis, de trouver des alliés. Cette stratégie peut prendre plus de temps, demande un certain sens politique, mais s'avère payante sur le long terme.

Et si les obstacles sont trop importants, il est plus sage de lâcher, de chercher un poste dans un autre département, une autre entreprise, un autre univers pour trouver votre juste place. N'oubliez pas, vos talents sont nombreux ; vous pouvez être apte à de multiples postes, avoir une carrière variée et changer de métier.

→ Choisir son poste ou son métier

Trouver votre place, votre voie a toujours été une préoccupation particulière pour vous. Même si vous êtes très adaptable, vous avez besoin de conditions particulières pour vous sentir à votre aise et, plus encore, reconnu. Or votre fonctionnement atypique n'est pas toujours compris ni accepté.

Trouver le bon environnement

Vous devez donc choisir le bon environnement, à savoir un environnement positif et stimulant, d'autant que la motivation, les challenges et la diversité sont des moteurs pour vous. Idéalement, il faut qu'il respecte vos valeurs et votre éthique, avec le moins de jeux politiques possible (ou alors vous les repérez et en jouez), où vous ayez des défis et challenges à relever, où vous puissiez mener plusieurs projets de front, avec une hiérarchie qui vous stimule, vous reconnaisse, respecte votre besoin de liberté et d'indépendance, vous cadre sans vous brider ; avec une équipe qui joue collectif. De préférence, vous devez évoluer dans un environnement qui veut promouvoir l'innovation, la prise d'initiatives et de risque et qui voit l'échec comme faisant partie inhérente du processus de création.

Les ingrédients d'un poste ou d'un métier peuvent se résumer pour les grandes lignes à un besoin de diversité, de liberté et d'autonomie, une occupation qui vous plaise et vous motive, où il y ait de l'innovation et des défis à relever.

Opter pour des postes offrant challenges et diversité

Vos yeux brillent quand vous avez un poste où vous devez relever des challenges et gérer des problèmes variés. Les défis vous donnent votre dose d'adrénaline. La complexité et les difficultés vous boostent, car vous vous sentez exister et utile. Vous allez prendre du plaisir à les relever et à les résoudre en mettant toute votre énergie et votre ingéniosité pour ce faire. Là où d'autres auraient baissé les bras ou auraient déclaré la mission impossible, vous allez déployer des efforts parfois surhumains pour arriver à vos fins. Fuyant la routine et les sentiers battus, vous aimez à prendre des risques et à relever des défis.

Nous l'avons vu, vous avez besoin de diversité, car vous détestez la routine. Vous avez besoin de mener plusieurs projets de front. D'ailleurs, vous avez souvent remarqué que vous trouvez une idée pour un projet quand vous êtes en train de travailler sur un autre. C'est une force qu'il faut conserver et utiliser, quitte à l'expliquer à ceux qui vous en feraient le reproche. La diversité vous ressource ; aussi, privilégiez des postes où les tâches sont variées, car vous aimez lancer et piloter des projets, intervenir dans des secteurs et sur des sujets différents avec des interlocuteurs qui le sont tout autant, transmettre votre savoir, créer, innover, réorganiser...

Non que vous soyez prétentieux, mais vos intelligences multiples vous poussent à vous projeter dans toutes sortes de carrières très différentes. Vous avez besoin de mouvement et de changement. Les univers instables ne vous dérangent pas, bien au contraire. Vous vous ennuyez au bout d'un moment si tout est trop calme et si vous faites un peu toujours la même chose. Ce n'est pas rare qu'au bout de quelques mois ou années, vous ayez l'impression d'avoir fait le tour d'un sujet et des joies que vous pouvez trouver dans votre poste ou à exercer un métier, et que vous cherchiez à en faire un autre. Cela ne vous fera pas peur de quitter un poste confortable pour rejoindre une start-up ou entamer une carrière de peintre, ou vous mettre à écrire des romans, ou encore monter un commerce de produits équitables, etc.

L'âge venant (ou pas d'ailleurs !), vous êtes souvent tenté de devenir indépendant. Certains d'entre vous franchiront le pas, d'autres hésiteront, surtout s'ils se trouvent dans une prison dorée dont il est toujours difficile de sortir. Par moments, le choix est cornélien :

il s'agit de choisir entre le principe de plaisir et le principe de réalité. Dans ce cas, il faut essayer de se projeter et se poser la question : si je ne fais pas ce dont je rêve, comment je le vivrai dans dix ou vingt ans, si je ne peux plus le faire ?

Être suffisamment autonome et libre

Vous devez avoir un espace d'autonomie important, en limitant les règles et les contrôles, car vous avez un besoin viscéral d'indépendance pour avancer à votre rythme, rapide. Comme vous avez une grande conscience professionnelle, que vous avez un haut niveau d'exigence, que vous prenez en compte l'intérêt général et que vous cherchez le plus souvent l'excellence, vous ferez un travail de qualité. Vous avez juste besoin d'être canalisé, au cas où vous soyez trop impulsif ou trop brouillon, ou que vous alliez trop vite par rapport au contexte ou à votre entourage. Vous devez aussi apprendre à vous appuyer sur les autres, à leur demander de l'aide, et pas seulement à venir à leur secours. Vous avez en effet plus de facilité à donner qu'à recevoir. C'est ainsi que vous pouvez trouver des « sponsors » pour vos idées par exemple.

Vous serez d'autant plus innovant et efficace que vous vous sentirez libre d'agir et de prendre des initiatives et des décisions. Vous aimez à donner du sel et du sens à la vie ; aussi vous apprenez mieux quand vous vous sentez libre et si la méthode est ludique. Vous allez parfois payer votre liberté au prix fort. Un homme comme Raymond Aron, « esprit libre » qui ne s'est pas inscrit dans le courant de pensée du moment (il fallait être communiste et il ne l'était pas et combattait le parti en plus), a été régulièrement attaqué par ses détracteurs, dont Sartre alors en pleine gloire.

Un autre exemple, plus connu de tous : Jacques Brel. Il a vécu en homme libre s'offrant le luxe d'avoir plusieurs vies et métiers. À l'école, il s'ennuyait et a réussi à redoubler trois fois ! Mais il a choisi de faire ce pour quoi il avait un don et le motivait : écrire et chanter, puis faire du cinéma, piloter un avion et faire du bateau pour découvrir le monde. À ceux qui lui ont reproché d'abandonner son public en pleine gloire, il expliquait qu'il s'était donné à fond dans la chanson, qu'il n'était pas à vendre et que dorénavant, il avait envie de faire d'autres choses. Sa générosité était légendaire : il donnait par exemple de petits concerts gratuitement et discrètement dans des institutions, des maisons de retraite, avant d'aller sur scène le soir. Dans ses chansons perçaient sa sensibilité, sa poésie, son affectivité, ses blessures, son sentiment d'injustice. L'argent n'a pas été son moteur même si son succès lui en a rapporté beaucoup. Il a choisi d'être libre, authentique et simple.

Cette liberté est quelquefois compliquée à trouver en France. Nombre de personnes brillantes et innovantes préfèrent offrir leur génie créatif outre-Atlantique où ils trouvent cette liberté de créer et les moyens d'être libres. On peut citer deux exemples qui ont suscité en vain des réactions vives devant l'incapacité d'une institution à retenir des talents tout à fait exceptionnels. Celui de Benjamin Millepied d'abord. Revenu des États-Unis, ce danseur de génie a été nommé directeur de la danse de l'Opéra de Paris, après avoir été accueilli dans un délire médiatique. À peine plus d'un an plus tard, début 2016, il a préféré lâcher le flambeau, écrasé par la lourdeur et la rigidité de l'organisation. Ce n'est pas le premier à avoir claqué la porte de cette prestigieuse institution. Avant lui, en 1989, l'exceptionnelle danseuse étoile Sylvie Guilhem l'avait fait pour des raisons similaires. L'émotion avait été telle que l'affaire avait fait l'objet d'une interpellation de députés à l'Assemblée nationale auprès du ministre de la Culture de l'époque, Jack Lang. Mais rien n'y avait fait : la danseuse étoile avait alors décidé de rejoindre le Royal Ballet de Londres qui lui offrait la liberté à laquelle elle aspirait.

Mettre du sens dans son travail

Vous êtes en quête de sens. On ne peut pas vous demander de respecter des règles si vous les jugez inefficaces et contre-productives. Vous ne pouvez respecter que les règles que vous jugez justes, appropriées, utiles et efficaces. Appliquer un règlement parce que « c'est comme ça » n'est pas dans votre ADN.

Pour vous, le sens donne toute sa force à l'action. L'allégorie suivante (attribuée à Charles Péguy) illustre bien la force du sens : « Trois tailleurs de pierre travaillent côte à côte. Le premier de manière mécanique : quand on lui demande ce qu'il est en train de faire, il répond qu'il taille une pierre. Le deuxième, plus conscient de ce qu'il fait que le précédent, explique qu'il taille une pierre pour construire un mur. Quant au troisième qui a l'air content et inspiré, à la même question, il répond avec un large sourire : "Je taille une pierre pour construire une cathédrale." » Le travail est le même, mais l'énergie pour le faire est radicalement différente. Le regard et le vécu de ces trois personnages n'ont rien à voir : l'un a une vision de près, le deuxième un peu plus large ; tandis que le dernier a une vision globale et se représente l'avenir. Sa tâche lui paraît moins rude qu'aux deux autres et même agréable, car elle a un but, un objectif et donc du sens. Vous vous reconnaissez certainement dans celui-ci. Pour vous, c'est incompréhensible d'agir sans réfléchir, sans une dimension transcendantale, car vous ne pouvez pas faire un travail uniquement pour gagner votre vie ; vous voulez aussi qu'il ait du sens, vous faire plaisir, être utile aux autres et à la société en général.

→ Mener à bien des projets porteurs de changement

Créer demande que l'esprit soit libre de vagabonder. Vous êtes maintenant bien conscient que vos meilleures idées viennent souvent quand vous ne les cherchez pas, à un moment où vous faites autre chose. Une fois que vous avez cette idée et qu'elle est bonne, vous êtes pressé de la mener à bien. Vous éprouvez un immense plaisir à voir vos projets aboutir et qu'ils soient utiles. Si vous devez mener à bien une enquête, faire un rapport sur une situation, vous veillerez qu'ils servent concrètement pour mettre en place des changements, pour améliorer des processus, etc. Vous ne supportez pas que des projets soient étudiés, analysés, que de l'énergie soit déployée pour les mener à bien et qu'une fois les conclusions rendues, ils soient remisés dans un placard. Malheureusement, c'est assez souvent. Suite à un constat, il faudrait prendre des mesures et bousculer l'ordre établi. La plupart des gens ne veulent pas en prendre la responsabilité. Une telle attitude est pour vous inimaginable et inadmissible. Se donner de la peine, travailler pendant des mois pour ne rien voir changer est juste ahurissant. Que de temps, d'argent et d'énergie gaspillés. Cela vous révolte. Si vous restez trop longtemps dans ce type d'environnement, vous risquez de perdre votre énergie et votre enthousiasme.

Avoir des responsabilités en adéquation avec ses talents

Cherchez à définir et à obtenir les responsabilités qui vous conviennent. Vous pouvez déployer une énergie incroyable pour impulser un mouvement quand vous croyez à une idée ou un projet. Certains d'entre vous, de par leur charisme, sont des leaders-nés. Dans ce cas, ne vous dissimulez pas derrière un patron, un mentor…, assumez votre envie de diriger, de piloter et visez à plus ou moins long terme les premières places. Votre entourage ne doit pas se méprendre sur vos intentions : ce n'est pas la recherche de pouvoir en tant que tel qui vous anime, mais davantage la construction d'un projet commun dans le respect de l'intérêt général, pour une réussite collective, et non pour votre seul intérêt personnel. Vous verrez que vous pouvez passer le message, mais vous serez loin d'être sûr d'être entendu quand vous avez en face de vous des personnes qui fonctionnent à l'opposé de vous-même.

En fait, vous pouvez être un très bon patron, à condition d'être entouré de personnes motivées. En revanche, vous n'êtes pas armé pour faire face à ceux qui ne respectent pas vos valeurs. Vous êtes désarçonné si vous devez gérer des « tire-au-flanc », qui ne sont pas impliqués par leur travail, profitent du système, ne sont pas attachés à la qualité de leur travail, font preuve de mauvaise volonté, de mauvaise foi, sont incompétents sans aucune envie de s'améliorer… Vous risquez d'être trop « gentil » avec eux et ne pas avoir la poigne et la distance nécessaires pour les remettre au travail ou les faire partir. Ils peuvent avoir une emprise sur vous si vous n'employez pas la force ou si vous n'êtes pas dur avec eux, et vous rendre la vie impossible. Il ne faut pas oublier que l'on peut subir un harcèlement aussi de ses collaborateurs !

→ Être bien entouré

Être attentif à la qualité de sa hiérarchie – trouver un mentor

Vous devez veiller autant que faire se peut à avoir une hiérarchie suffisamment compétente pour vous motiver et vous stimuler, et avec laquelle vous puissiez apprendre. Sinon, trouvez-vous un mentor qui puisse vous comprendre, au besoin vous épauler, voire vous défendre.

Pour travailler en harmonie et efficacement avec votre patron, il faut que vous puissiez avoir du respect pour la qualité de sa personne et de ses compétences. Vous serez hyperefficace si vous vous entendez bien avec lui, si vous partagez la même vision, s'il est droit, dynamique et plein d'idées ou si vous êtes complémentaires avec un respect mutuel. S'il vous repère comme un élément innovant, dynamique et respectueux des hommes, vous pouvez avoir des expériences passionnantes. S'il est juste et compétent, vous apprenez beaucoup avec lui et vous apprécierez de travailler avec lui, même s'il est très exigeant.

En revanche, évitez à tout prix les patrons qui sont des dominants, des incompétents, des manipulateurs, des profiteurs, etc. Dans ces cas, vous allez réellement souffrir et y perdre des plumes. Nous connaissons tous des gens détruits ou en mauvais état à cause d'un chef qui leur rend la vie infernale et les humilie. Pour eux, se reconstruire peut prendre des mois, voire des années, s'ils y arrivent et sont accompagnés. Mais parmi eux, certains ne s'en remettent jamais, quelques-uns se suicident, d'autres vont accepter n'importe quel poste à n'importe quel niveau pour fuir ce qu'ils vivent comme un enfer.

Et si vous vous retrouvez face à un patron autoritaire, destructeur, un brin pervers, ou avec lequel le courant ne passe pas – vous ne vous comprenez pas –, vous pouvez beaucoup souffrir et ne pas savoir comment réagir. Si votre parcours était jusque-là sans histoire, si vous avez toujours eu de la chance et si vous n'avez jamais été confronté à de gros échecs, vous pourrez avoir du mal à rebondir. Faites-vous alors accompagner pour éviter de mettre des mois, voire plus, à vous en remettre. Blessé au plus profond de vous-même, vous ne comprenez pas ce qui vous est arrivé et votre tendance à vous dévaloriser ou à vous culpabiliser peut se réveiller, sans compter que votre image de soi peut se dégrader.

Si vous n'arrivez pas à respecter votre chef, vous allez souffrir, soit parce qu'il va se sentir en danger et essaiera de vous déstabiliser, de vous critiquer pour masquer son incompétence, voire de vous annihiler, soit parce que vous vous ennuierez, que vous serez freiné dans vos initiatives, que vous ne pourrez pas faire alliance avec lui.

Attention aussi au patron qui, voyant que vous êtes efficace, va tout faire pour vous garder dans son équipe et empêcher votre évolution.

Enfin, si vous connaissez un arrêt brutal dans l'évolution de votre carrière parce que vous ne vous entendez pas avec votre patron, n'essayez pas de lui plaire, ne vous culpabilisez pas non plus. En revanche, prenez conscience de l'origine de votre incompatibilité d'humeur et de point de vue avec lui pour ne pas répéter le même scénario avec un autre. Et tâchez de changer de poste au plus vite ; sinon protégez-vous. Faites éventuellement comprendre discrètement ce qui se passe et activez vos réseaux pour vous soutenir.

Éviter les environnements trop politiques

Pour réussir, vous devez évoluer dans un climat serein. Ce sont les managers, les patrons qui l'instaurent. Évitez les entreprises ou les structures où les jeux de pouvoir, les enjeux politiques ou le fonctionnement clanique sont trop prégnants. Ce n'est pas votre état d'esprit. Vous serez obligé de dépenser de l'énergie à détecter ces manipulations, ces enjeux cachés qui ne correspondent pas à votre état d'esprit et ne respectent pas vos valeurs.

→ Développer son pouvoir d'influence

Identifier ses appuis et ses alliés

Ce n'est pas parce que votre idée ou votre projet est génial qu'il va plaire et être adopté. Il vous faut anticiper sur les difficultés et les obstacles qui peuvent se dresser lors de son lancement ou de sa mise en place, qui peuvent être tout à la fois de l'ordre matériel ou humain. Aussi, si vous voulez proposer, par exemple, une nouvelle organisation, de nouvelles manières de faire, introduire de l'innovation dans une structure…, vous devez réfléchir et trouver des arguments solides, les affûter et les tester sur des personnes qui devraient logiquement vous soutenir. Cela prend du temps, mais ensuite cela vous en fait gagner. Ce travail vise à faire diminuer les résistances que pourraient susciter vos idées neuves. Il permet de préparer le terrain pour faire adhérer certaines personnes réfractaires au changement et celles que vos projets dérangent dans leurs habitudes ou dans leur sphère de pouvoir et d'action.

En tissant ainsi en amont votre réseau, vous accroissez votre pouvoir d'influence qui est plus fort que le pouvoir « officiel ». Vous aimez d'ailleurs mieux le premier que le second, car vous préférez agir dans l'ombre ; vous n'aimez pas spécialement être sous les projecteurs, même si à un moment cela peut être un passage obligé.

Petite remarque au passage : vous constaterez peut-être que ceux que vous pensiez faciles à entraîner derrière vous ne le seront pas et réciproquement. Voltaire disait déjà : « Mon Dieu, gardez-moi de mes amis. Quant à mes ennemis, je m'en charge ! »

Développer son sens politique

Si vous êtes trop spontané en toutes circonstances, vous risquez de vous heurter à pas mal de murs. Mais si le sens politique est rarement votre fort, ce n'est pas une raison pour ne pas apprendre à le faire. Soyez stratège. Pour obtenir des soutiens, identifiez ceux qui ont un pouvoir d'influence, plus que ceux qui ont le pouvoir sur le papier. Identifiez ceux que vous devez contacter, qui relaieront le plus efficacement les messages que vous souhaitez faire passer. Frédéric, un dirigeant, racontait ainsi qu'avant de communiquer sur son changement d'organisation, il identifiait les personnes sur lesquelles il pourrait s'appuyer, en réfléchissant à la répartition des postes en fonction des compétences, tout en cherchant les appuis nécessaires à l'intérieur de l'entreprise (hiérarchie, collègues, collaborateurs) et à l'extérieur (prestataires, partenaires…) pour s'assurer de la réussite de son plan.

Si vous comprenez que vous avez en face de vous des obstacles infranchissables ou une franche hostilité, n'essayez pas de passer en force, mais sachez prendre des routes plus sinueuses et, somme toute, plus rapides et plus efficaces. Dominique, une dirigeante disait qu'elle avait développé avec l'expérience des stratégies de contournement. Quand elle se rendait compte que quelqu'un lui barrait la route, elle allait chercher ailleurs des soutiens qui relayaient ensuite ses idées. Elle finissait ainsi par avoir gain de cause.

Identifiez les personnes que vos réalisations et vos succès peuvent intéresser. Faites en sorte qu'elles remarquent votre vitesse d'exécution et s'aperçoivent que vous obtenez des résultats en un temps record. Fabien, un brillant DSI, a ainsi su utiliser à la fois ses connaissances techniques et son côté empathique et créatif pour tisser de bonnes relations avec beaucoup de monde. Il aime concevoir des projets, apporter des idées, puis laisse ses équipes les mettre en œuvre, car la réalisation l'ennuie. Il a un management qui le suit et lui fait confiance. Grâce à un très bon relationnel et son intuition, il saisit les enjeux de pouvoir. De fait, il progresse et réussit à se faire une place dans un grand groupe dont il a saisi le mode de fonctionnement et les règles implicites.

→ Être salarié ou indépendant

Il s'agit de trouver sa place. Vous pouvez avoir des problèmes dans une structure ou avec un type de personnes, et vous épanouir et donner le meilleur de vous-même dans une autre.

Une jeune femme racontait l'expérience d'un de ses collègues, un informaticien de haut vol arrivé dans son groupe. Il n'a jamais réussi à s'intégrer. Sa vision était trop en avance sur son temps. Ses propositions innovantes ont été systématiquement refusées. Il aurait pu apporter beaucoup, mais son entourage n'était pas à l'écoute, n'a pas su capter son énergie et s'emparer de ses idées foisonnantes. Il n'entrait pas dans le cadre. Rétrospectivement, quel conseil aurait-on pu lui donner ? Peut-être aurait-il dû travailler son discours pour faire passer ses propositions et imaginer des étapes intermédiaires pour apporter des changements par petites touches. Seuls quelques managers peuvent parvenir à aménager des espaces de liberté à ce type de profils, car généralement ils dérangent. Nous avons plusieurs fois souligné qu'entre la volonté affichée par la direction et la réalité sur le terrain, il peut y avoir une marge quand aucun relais, aucun contrôle des bonnes pratiques, voire aucune sanction, n'est mis en place. Et si une personne est reconnue innovante et atypique, son entourage fera quand même des remarques, du style : « Il va falloir le canaliser ou le recadrer » au mieux, et au pire : « C'est trop compliqué de travailler avec lui ou elle. » Cet informaticien a fini par partir très déçu et désabusé de n'avoir pas réussi à se faire entendre, à ne pas avoir eu la liberté suffisante pour mettre en place ses projets. Il a compris que cet environnement ne lui convenait pas et a créé son entreprise avec des associés, qui aujourd'hui se développe très bien. Il a bien rebondi et a choisi un environnement à son image.

Ensuite se pose la question de travailler en entreprise ou en indépendant. C'est une vraie question. Réfléchissez-y seul ou accompagné en essayant de cerner vos qualités, vos compétences, vos spécificités, etc. Si vous souffrez de la lourdeur de l'organisation pour laquelle vous travaillez, prenez votre courage à deux mains et cherchez un autre poste, ce qui vous permettra de changer de patron, de service, de département, ou bien rejoignez une PME ou une start-up, où les circuits de décision sont plus courts, vos responsabilités plus fortes, l'environnement moins politique, où les idées innovantes sont bien accueillies et même recherchées. Si vous avez besoin d'opérer un changement plus radical, devenez indépendant, créez votre activité.

Travailler dans un grand groupe

Vous pouvez choisir d'entrer dans un grand groupe, en comptant sur une diversité de carrière. En revanche, vous devrez être particulièrement vigilant dans le choix de vos patrons. Certains vous stimuleront, vous feront progresser, d'autres pourront vous barrer la route d'une manière plus ou moins visible par peur que vous leur fassiez de l'ombre. Vous pourrez aussi vous heurter à un univers trop formaté et trop ouaté, où les gens craignent de prendre des risques et souffrent des lourdeurs bureaucratiques dues à la taille de l'entreprise. Vous êtes davantage dans l'anonymat, et si vous ne faites pas un travail de réseau pour vous faire connaître, vous pouriez avoir des difficultés à évoluer à votre rythme, c'est-à-dire vite. Vous devrez donc savoir vous mettre en valeur pour vous faire remarquer. Dans ce genre d'univers, vous pouvez vite vous retrouver dans des cases qui vous conviennent ou pas ; notamment si vous n'avez pas les diplômes « qu'il faut » dans cette structure.

Rejoindre une PME ou une start-up

Le monde des PME peut vous attirer, car leurs organisations sont plus flexibles avec une chaîne plus rapide de décisions. Elles proposent des postes souvent plus polyvalents. Vous pouvez alors être multitâche, et avoir des missions *a priori* plus variées et moins spécialisées. En revanche, les perspectives d'évolution sont moindres, sauf en période de forte croissance.

Travailler dans une start-up peut vous plaire, car vous avez plus de chances de rencontrer des personnes qui vous ressemblent. C'est un monde nécessairement très polyvalent avec de grands défis, des innovations pour développer le business et tout à faire, mais tout y est plus précaire. De quoi vous motiver !

Devenir indépendant ou créer son entreprise

Pour beaucoup d'entre vous, ce sera le chemin de l'indépendance qui vous conviendra le mieux, comme consultant, chercheur ou expert. Vous pourrez travailler seul, à votre rythme, en faisant une activité que vous avez choisie et qui vous plaît. Vous vous investirez sans compter, avec une grande conscience professionnelle et parfois avec passion. Si vous choisissez cette option, identifiez bien vos talents particuliers, vos spécificités pour les mettre en valeur, sans oublier vos freins. L'aspect commercial peut en être un. Or vous ne pourrez alors compter que sur vous-même et votre réseau pour trouver des missions, des marchés et des clients. L'autre point de vigilance est votre gestion, car vous n'êtes pas un homme ou une femme d'argent. Si vous êtes très créatif et/ou que vous ne savez pas vendre vos services et tenir vos comptes, trouvez des personnes complémentaires qui aient la fibre commerciale et/ou soient bons gestionnaires.

Vous avez indéniablement l'esprit d'entreprise. Reste à savoir si vous allez ou non franchir le pas de l'aventure, car créer son entreprise nécessite beaucoup de qualités, du dynamisme, de l'énergie et de très bonnes idées pour trouver le bon créneau. Il s'agira aussi de bien savoir vous entourer. Si votre désir d'entreprendre et votre goût du risque sont bien ancrés, vous allez peut-être être de ceux qui vont créer plusieurs entreprises dans leur vie. À peine aurez-vous réussi dans une structure que vous aurez envie, peut-être, de la revendre, mais surtout d'en lancer d'autres. Si vous connaissez un échec, vous saurez laisser passer du temps avant d'en redémarrer une autre. Avoir de nouveaux projets et de nouveaux défis est votre moteur.

Partie 3

Faire une place aux neurodroitiers : un enjeu pour l'entreprise

Chapitre 8

Les repérer, les attirer et les fidéliser

Nombre d'entreprises cherchent activement des personnes capables d'avoir une vision pour l'avenir, de gérer les changements, de remettre en cause les schémas existants, de résoudre des problèmes complexes, de rebondir en cas d'échecs, d'avoir une vision pour anticiper les évolutions, d'avoir l'intuition des grands changements ; d'être agiles, d'avoir l'esprit critique, d'être créatives et force de proposition, tout en faisant preuve d'intelligence émotionnelle. Pour ces entreprises, toute la difficulté réside dans leur capacité à faire une place à ces personnes répondant peu ou prou à cette description, compte tenu des nombreuses résistances qu'elles suscitent en interne souvent à plusieurs niveaux. Il s'agit, pour commencer, de prendre conscience de l'uniformatisation et de la culture des process qui mettent en péril la capacité à innover, des apports de ces intuitifs, innovants et atypiques pour assurer la pérennité des entreprises, puis de réfléchir à la manière de les repérer, de les fidéliser et de les mettre en valeur, et enfin à la gestion de leur carrière. Il est intéressant aussi de regarder l'évolution des dix compétences attendues en 2020, comparées à celles de 2015, selon la dernière édition du Forum économique mondial de Davos.

Focus

Top 10 des compétences attendues en 2020

La dernière édition du Forum économique mondial de Davos a publié un classement comparatif des qualités requises pour diriger. L'ordre des priorités de 2020 devrait sensiblement différer de celui de 2015. L'intelligence artificielle réalisant désormais des tâches faites précédemment par les humains, les employés devront développer des compétences qui leur donnent une longueur d'avance sur les machines. Des compétences qui relèvent en majorité de *soft skills*, comme la pensée critique et la créativité. Un autre rapport du Forum économique mondial, intitulé « L'avenir de l'emploi », révèle qu'en 2020, plus du tiers des compétences qui sont considérées comme importantes dans la main-d'œuvre actuelle auront changé. La bataille pour les compétences : voilà le prochain grand défi des entreprises à travers le monde.

Top 10 des compétences recherchées en 2015

1. Résolution de problèmes complexes

2. Esprit d'équipe

3. Management

4. Esprit critique

5. Négociation

6. Contrôle qualité

7. Sens du service

8. Jugement et prise de décision

9. Écoute active et attention

10. Créativité

Comparées au Top 10 des compétences qui seront recherchées en 2020

1. Résolution de problèmes complexes

2. Esprit critique

3. Créativité

4. Management

5. Esprit d'équipe

6. Intelligence émotionnelle

7. Jugement et prise de décision

8. Sens du service

9. Négociation

10. Flexibilité

→ Revenir à un monde plus créatif

Endiguer l'uniformatisation

Nous sommes dans un monde devenu très formaté à bien des égards. Vous avez probablement remarqué que les styles vestimentaires sont de plus en plus similaires que vous viviez à Paris, Londres, New York ou Shanghai. Regardez les vitrines des grandes marques franchisées, toutes sur le même modèle. Ceux qui gèrent ces boutiques doivent respecter à la lettre les consignes et n'ont plus une parcelle de liberté pour apporter leurs touches personnelles ; ce petit quelque chose qui fait la différence et vous enchante.

Cette culture de l'uniformité, apparue à l'aube du XXe siècle, s'est accentuée. Stefan Zweig et Sigmund Freud l'avaient déjà repérée. En 1932, Stefan Zweig, dans son ouvrage consacré à Sigmund Freud *La Guérison par l'esprit*, déplorait, avec tout le talent qu'on lui connaît, « la monotonisation croissante de la vie extérieure. Le siècle de la technique uniformise et dépersonnalise de plus en plus l'individu dont il fait un type incolore ; [les gens] habitant les mêmes maisons, portant les mêmes vêtements [...], cherchant refuge dans le même genre de distraction [...], les hommes sont extérieurement, d'une manière effrayante, de plus en plus semblables [...] ; le gigantesque creuset de la rationalisation fait fondre toutes les distinctions apparentes ». Il restait optimiste en soulignant que Freud « en orientant [...] la psychologie vers l'âme individuelle [...] » avait joué un rôle essentiel pour que « l'homme [devienne] curieux de son propre moi ». Il remarquait ainsi qu'en parallèle se développait un mouvement de réflexion sur soi avec un besoin de se découvrir. Il écrivait : « Mais cependant que notre surface est taillée en série et que les hommes sont classés à la douzaine [...], au milieu de la dépersonnalisation progressive des modes de vie, chaque individu apprécie de plus en plus l'importance de la seule couche vitale de son être inaccessible et qui échappe à l'influence du dehors : sa personnalité unique et impossible à reproduire. » Il évoquait toutes les techniques d'alors pour trouver son chemin afin de mieux se connaître (doctrine des types, science de la descendance, graphologie, théorie de l'hérédité, « en littérature la biographie [qui] approfondit la science de la personnalité »...).

Créer un terrain fertile à l'innovation

Cette dualité perdure aujourd'hui : cohabite un monde où tout est process, contrôles, compétition..., et un autre où l'on s'interroge sur soi, sur le sens de sa vie, de son travail, avec une envie de plus de plaisir, de profondeur, de créativité et de liberté. Si l'on observe les personnes les plus efficaces, on s'aperçoit qu'elles savent bien utiliser leurs deux hémisphères, étant ainsi à la fois analytiques et logiques, mais aussi créatives, rapides et efficaces. Elles ont souvent une capacité à analyser (utilisant leur QI qui sollicite davantage leur cerveau gauche) et à comprendre des problèmes complexes, couplée d'une intuition et d'une intelligence des hommes qui relèvent du QE (quotient émotionnel qui fait travailler davantage l'hémisphère droit de votre cerveau). Elles ont ainsi une vision globale qui leur permet de définir efficacement leur stratégie, tout en sachant regarder certains détails importants. Nous avons souligné à différentes reprises que ces personnes en mesure d'exprimer leur créativité et leur potentiel ont des qualités très recherchées dans le contexte actuel. Reste à faire passer et à bien vendre leurs idées. Or les visionnaires n'ont pas la tâche facile. S'ils sont trop en avance sur leur temps, ils attendront peut-être des mois, voire des années, avant d'être reconnus, s'ils le sont. Ils devront faire preuve de beaucoup de patience, ne pas se désespérer et chercher des alliés pour les soutenir dans leurs projets.

« Innover est très humain, c'est le moteur de l'aventure humaine et les intuitifs ont une place de choix dans cette aventure. Les organisations qui savent leur faire une place seront gagnantes », souligne Loïc, DRH d'un grand groupe. Les Français ont (ou avaient ?) la réputation d'être créatifs. On parlait du « génie français ». Un slogan apparu en pleine crise du pétrole en 1974 l'illustrait : « Les Français n'ont pas de pétrole, mais ils ont des idées. » Nous avons eu de grands inventeurs, devenus de grands industriels. Nous le restons encore même si c'est moins connu (les Français ne savent pas se vendre ; c'est bien connu aussi !), puisque la France est – selon les études[1] – un des trois ou des onze pays les plus innovants au monde.

---

1. 3e place pour le cabinet d'études Clarivate Analytics (groupe Thomson Reuters) et 11e selon l'index Bloomeberg.

→ Mettre de côté les *a priori*

Chasser les idées fausses sur ces « moutons à 5 pattes »

Pour l'entreprise, ceux qui excellent dans tous les domaines sont facilement repérables. Ils sont très intelligents, brillants, voire géniaux, diplômés des meilleures écoles, avec une carrière exceptionnelle. Restent les autres dont la réalité est bien différente. Rappelons que seul un tiers des enfants surdoués réussit brillamment et sans difficulté leurs études ; un autre tiers se fond dans la masse, tandis que le tiers restant rejoint le clan des cancres. Cela signifie donc que deux tiers passent totalement inaperçus. Cette non-détection a un impact sur toute leur vie ; ils auront d'eux-mêmes une image faussée, renvoyée de surcroît par leur entourage. Nombre d'entre eux auront ainsi une carrière très en deçà de leurs capacités, tandis que d'autres rencontreront un nombre d'échecs tel qu'ils se croiront nuls, idiots, stupides, incapables. Ils continueront, une fois adultes, à enfouir leur véritable personnalité pour se faire accepter à tout prix, avec des résultats tout juste corrects, ou à vivre en marge de la société, en souffrant de leur différence et trop handicapés par leur hypersensibilité.

Alors, comment repérer ces personnalités si singulières ? Il faut abandonner quelques idées fausses qui empêchent de les voir telles qu'elles sont. On a vu que ce n'était pas une question d'âge. Nous avons tous remarqué des jeunes se comportant comme des vieux et réciproquement. Il existe des personnes qui, à plus de 80 ou 90 ans, s'intéressent toujours à tout, adoptent les dernières innovations, surfent sur Internet, créent leur profil Facebook, écrivent un livre, ont une tablette… Pierre Burelle, fondateur de Plastic Omnium, était un de ceux-là. À 93 ans, il pensait, encore et toujours, au futur de son entreprise et continuait à imaginer de nouveaux produits ou développements, laissant ses enfants s'occuper davantage de la gestion de sa société au quotidien.

Si une entreprise veut privilégier ce type de profils, elle ne peut donc pas utiliser l'âge comme critère. Elle ne peut pas non plus regarder le diplôme ou les résultats scolaires, comme nous l'avons compris. Elle est donc contrainte à avoir une analyse plus fine. La description du profil type de l'intuitif innovant qui précède devrait la guider utilement.

Voir la diversité des expériences comme une richesse

Ces types de profils s'adaptent à des environnements extrêmement variés. C'est d'ailleurs l'une de leurs principales caractéristiques. Leur choix de carrière et de métiers est donc très varié. Leur orientation et leur évolution de carrière demandent de regarder en termes de potentiels et d'ouvrir des champs du possible assez largement. Ils sont d'ailleurs nombreux à avoir l'impression de pouvoir tout faire ou presque et ils ont souvent raison. Une graphologue à qui l'on demandait son point de vue pour orienter un homme aux multiples talents a immédiatement perçu la richesse de son potentiel : « Lui ? Il peut tout faire : conseiller, créer, piloter un projet, enseigner… Il capte au premier tour ce qu'il faut faire, changer, etc. » La question visait à restreindre les possibilités pour permettre une orientation plus ciblée. Force a été de constater que ce n'était effectivement pas possible. Cet homme a un parcours très riche, très varié qui est mieux perçu dans les pays anglo-saxons où il a travaillé avec succès et dévalorisé malheureusement en France où il est perçu comme instable. Ce qui fait toute sa richesse est vu de manière très négative dans l'Hexagone. Il a préféré partir à Ceylan où il se sent comme chez lui car, là-bas, tout est possible. Il a eu carte blanche pour lancer des projets de développement immobilier et hôtelier, former des équipes de cuisiniers, inventer des recettes, dessiner des jardins, créer des lampes, donner une atmosphère à un palace en le redécorant, en trouvant les tissus qui vont mettre en valeur les canapés ou les fauteuils, etc. Il sait aussi gérer un budget et surveiller les dépenses.

Prendre conscience de la richesse de ces profils est donc une nécessité absolue et les accompagner dans leur choix s'avère intéressant et complexe à la fois.

→ Prendre conscience de leurs multiples apports

Pour de multiples raisons, faire une place et écouter les neurodroitiers est bénéfique pour les entreprises. Leur impact est visible au niveau de l'efficacité de l'organisation, de l'ambiance, du climat, de l'innovation…

Pour lutter contre les usines à gaz

Pour l'entreprise, c'est une bénédiction de travailler avec des personnes capables d'avoir une vision globale. Si elles ont un pouvoir d'influence suffisant ou si elles sont à la tête d'un projet, elles auront les moyens de simplifier la structure, d'attribuer les tâches en fonction des compétences, en veillant à instaurer un dialogue entre les protagonistes, en favorisant les échanges d'informations précieuses, en responsabilisant chaque acteur, en vérifiant l'implication de chacun ; quitte à mettre un peu de pression sur ceux qui voudraient leur mettre des bâtons dans les roues ou qui ne s'impliquent pas suffisamment. Elles demanderont à leurs équipes d'être proactives ce qui oblige chacun à réfléchir, à s'investir, à interroger l'existant et au besoin à le remettre en cause. Finalement, cet exercice poussera les uns et les autres à penser différemment et, ainsi, à peu à peu prendre de la hauteur de vue et à aiguiser leur esprit critique au sens positif du terme.

Pour être plus efficace

Dans leur volonté de gagner en efficacité et en productivité, les entreprises sont prises dans des mouvements qui peuvent sembler paradoxaux. Elles mettent en place une culture de process qui convient bien aux tâches répétitives et d'exécution, leur évitant de réinventer le fil à couper le beurre chaque jour. Cette démarche convient bien aussi aux personnes aimant avoir des objectifs clairs et des routes à suivre bien tracées. En revanche, elle a ses limites. Elle est à l'inverse de la manière de penser et de faire d'un intuitif atypique et innovant, car elle casse toute prise d'initiative et toute innovation. Or nous sommes à la veille de changements profonds et radicaux où l'intelligence artificielle permettra aux robots de faire les tâches les plus normées, libérant l'homme de tâches ingrates. Un nombre considérable d'emplois, parmi les moins qualifiés, risquent alors de disparaître. C'est la raison pour laquelle les créatifs sont très nettement privilégiés aujourd'hui. Leur manière d'agir, leur vision globale, leur intelligence émotionnelle, leur capacité à penser autrement et à conceptualiser les mettent à l'abri d'être un jour ou l'autre remplacés par une machine. Un médecin remarquait que l'on pouvait « très bien imaginer qu'une grande partie de son métier puisse être confiée à des robots qui pourront un jour diagnostiquer certaines maladies et proposer un traitement approprié. Seuls subsisteront les médecins qui auront une approche humaniste et plus fine de leurs patients, sensibilisés notamment aux liens entre le corps et l'esprit ».

« Dans une culture de plus en plus process/contrôle, le risque est d'évincer les créatifs des organisations, souligne Catherine, directrice en charge du développement des talents. Dans ce cas, aucune innovation ne verra le jour, mettant en péril l'avenir de l'entreprise. D'où l'importance de bien comprendre les personnalités et leurs besoins pour les mettre au bon endroit dans les organisations. » Il s'agit donc de mélanger efficacement des processus normés, relevant notamment de la gestion, avec d'autres, relevant de l'innovation. Les Japonais sont des modèles en la matière : Toyota a, par exemple, des process très normés dans un système très collectif et très organisé, cohabitant avec la possibilité pour chaque individu de faire des propositions d'amélioration.

Pour donner une vision plus humaine dans un monde chaotique

Dans un univers en crise qui change à toute vitesse, en plein bouleversement économique, où innover est primordial, l'entreprise a aussi besoin de personnalités visionnaires dans un contexte pourtant chaotique.

Les entreprises se sont rendu compte que de très bons experts et techniciens pouvaient être de piètres managers et avoir des comportements nuisant à leurs équipes et donc à l'efficacité générale. Aujourd'hui, elles veulent introduire de la diversité et de la richesse en ayant des personnes capables d'innover, de penser le futur et d'être vecteur de changement. Peter Drucker avait bien perçu cette évolution et considérait la formation de l'encadrement comme primordiale. Cela se traduit désormais dans la sélection des hauts potentiels où les critères liés aux comportements et donc à l'intelligence émotionnelle interviennent dans les choix. Les entreprises ont saisi cet enjeu et cherchent désormais des profils plus complets. Elles proposent des « parcours dirigeants », des formations au management, des approches pour mieux se connaître et se comprendre, des coachings, en misant sur le fait que ces accompagnements ont un impact sur la personne, mais aussi sur le climat social et donc sur leurs performances et leurs résultats.

De plus, leur souci des autres (s'ils ne font pas partie de ceux complètement autocentrés absorbés par leurs difficultés) apporte un bol d'air au milieu de ce monde dur et parfois impitoyable. Ils peuvent participer à un retour vers plus d'humanisation des rapports humains. D'ailleurs, plus il y a des excès dans un sens, plus cela suscite des réactions inverses. Ainsi, des entreprises, soucieuses du bien-être de leurs équipes, aménagent des espaces plus conviviaux pour faire émerger plus de lien social, avec non seulement des espaces de bureaux, mais aussi une cuisine, une salle à manger, un salon, avec du mobilier et des murs colorés, pour introduire de la gaieté. Des locaux où chacun se déplace selon son gré et peut choisir de bavarder, de travailler avec d'autres ou de s'isoler et de se mettre au calme. Ces espaces ont un impact fort sur le comportement des équipes et répondent bien aux besoins de mouvement, de tranquillité et de convivialité des neurodroitiers.

Pour promouvoir un leadership de qualité

Les intuitifs tournés vers les autres cherchent à fédérer leurs équipes et ont un leadership fondé sur leur capacité naturelle à prendre en compte l'intérêt général. S'ils ont une personnalité très affirmée, leur entourage peut les croire attirés par le pouvoir en tant que tel. Or il n'en est rien. Le pouvoir les attire, non pour dominer, mais pour faire avancer les choses, initier des changements, conduire des projets le plus efficacement possible. Sur le terrain, leurs équipes les apprécient particulièrement et les respectent en tant que manager ou dirigeant, car ils savent les inspirer et entraîner tout le monde vers le haut, surtout s'ils sont très exigeants. On entend souvent des dirigeants parler de certains de leurs anciens patrons qui ont eu un impact très positif, voire décisif sur leur carrière. Ils s'en souviennent des années plus tard, car, avec eux, ils ont beaucoup appris et progressé.

En revanche, la limite des neurodroitiers en matière de management est leur besoin d'harmonie et d'efficacité qui nécessite de travailler avec des personnes de bonne volonté et compétentes. Ils ont du mal lorsqu'ils sont confrontés à des individus peu impliqués, peu investis ou mal intentionnés. Ils ont des difficultés à concevoir que certains individus puissent ne pas se préoccuper du bien commun, ni de la réussite collective et chercher au contraire à tirer la couverture à eux. Dans ce cas, ils ne sauront pas bien gérer ce type d'individus car leurs attitudes vont à l'encontre de leurs valeurs. Ils consomment généralement beaucoup d'énergie à essayer de les mettre au travail, avec un succès mitigé car ils ne saisissent pas bien leurs motivations. Avec eux, ils doivent aussi se protéger et éviter de mettre trop d'affects. Ils seront peut-être poussés à prendre des décisions, qui leur coûteront, le vivront comme une épreuve, voire les rendront littéralement malades ; par exemple licencier une personne pour incompétence ou pour une qualité de travail très nettement en dessous des autres. Pourtant, leurs équipes acceptent généralement bien cela, même peuvent en être soulagées, du moment que la sanction est juste. D'où l'importance de mettre de la distance et de poser des limites pour se protéger. Il sera peut-être nécessaire de leur proposer un coaching pour les aider à y voir plus clair, à bien réagir et à déculpabiliser.

Pour diminuer la souffrance au travail

La culture du process et des reportings, venue d'outre-Atlantique, instaure des règles de plus en plus contraignantes qui limitent les prises d'initiative et fait perdre du sens au travail. Si bien qu'au nom de la productivité apparente, le travail et la réflexion perdent en qualité. Il en résulte un climat tendu dans bon nombre d'entreprises.

Déjà en 2010, deux ans après la grande crise de 2008, le rapport Fillon sur le bien-être et l'efficacité au travail pointait cette dérive et la souffrance qui en résultait. Il déplorait entre autres la dégradation des relations et le fait que l'esprit de compétition avait pris la place de l'esprit d'équipe. Aujourd'hui, quel que soit leur âge, beaucoup de salariés se plaignent probablement plus encore de l'esprit individualiste et de compétition, de l'absence d'esprit collectif et du peu de respect que leur témoignent leur hiérarchie et parfois même leurs collaborateurs. Ils constatent que la réussite collective n'est bien souvent ni encouragée, ni valorisée, ni récompensée…

Tout ceci pèse particulièrement sur les neurodroitiers, car ces attitudes sont à l'antipode de leur philosophie et de leurs valeurs profondes. C'est le cas de Fabrice, consultant. Il racontait que chaque année, il assistait au cocktail de bienvenue des jeunes recrues dans un grand groupe semi-public. Il les voyait arriver pleins d'énergie et d'enthousiasme. Mais, quand il les retrouvait quelques mois ou années plus tard, il s'attristait de les voir complètement changés : broyés par les pesanteurs du système dans lequel ils évoluaient, désillusionnés, ternes ; la flamme qui brillait dans leurs yeux à leur arrivée s'étant éteinte.

À partir du moment où les entreprises connaissent mieux les attentes et les besoins des cerveaux droits, elles peuvent investir sur eux en utilisant leur don pour créer des liens entre les personnes. Elles peuvent compter sur leur empathie, leur bienveillance, leur dynamisme, leur énergie... En mettant en valeur leurs qualités, elles leur permettent de participer ainsi à l'amélioration des conditions de travail, à commencer par l'ambiance ; si elles leur en donnent les moyens bien sûr. En les mettant aux commandes, elles peuvent restaurer un climat sain et serein, et veiller à ce que chacun respecte l'autre. Elles peuvent compter sur eux pour veiller à ce que les équipes soient soudées face aux challenges. Elles peuvent prendre conscience que ce n'est pas une trop grande quantité de travail qui dégrade le plus les relations et pose le plus de problèmes, mais l'absence de sens. Elles peuvent aussi constater que cadres, managers et dirigeants sont plus heureux s'ils peuvent donner libre cours à leur sensibilité, leur capacité créative, leur intelligence originale..., plutôt que de la cacher derrière un masque et parfois même d'ignorer qu'ils ont ces richesses au fond d'eux-mêmes. Les neurodroitiers seront plus à l'aise dans un fonctionnement en réseau (et non plus en silo), dans un système moins pyramidal et plus transversal.

Pour améliorer la communication en interne

En prenant en compte l'existence de ces deux systèmes de pensée portés par des personnes aux comportements radicalement opposés, les entreprises peuvent bénéficier d'une grille de lecture qui nous paraît intéressante. Elles peuvent ainsi décrypter l'origine de sources d'incompréhension ou de conflits, de difficultés de communication existant entre certaines personnes ou services. Elles sont à même de sensibiliser les uns à la manière de penser des autres. Même si chacun de nous privilégie un hémisphère cérébral, l'autre ne doit pas rester en jachère pour autant. Les uns devront développer leurs capacités de logique, leur structure, leur organisation..., quand les autres devront réveiller et développer leur intelligence émotionnelle et leur créativité. Celle-ci existe en chacun de nous. Il n'y a qu'à voir les dessins d'enfants pleins de vie et de fantaisie. Si la majorité des individus a perdu cette capacité, il existe des formations pour la réveiller. De même, un leader innovant entraîne ses équipes dans son sillage et peut, avec son énergie, son dynamisme et son imagination, réveiller cette part qui sommeille en chacun de nous, y compris les cerveaux gauches.

Les neurodroitiers sont bien placés pour jouer un rôle de médiateurs car ils ont la capacité de s'adapter et de se mettre à la place des autres plus développée que la moyenne. Ils sauront ainsi faire travailler ensemble des personnalités complémentaires ; le but étant qu'elles s'entendent et se comprennent suffisamment bien pour que les projets puissent avancer efficacement avec des équipes soudées, avec une vision commune, qui parlent le même langage et puissent défendre l'intérêt général.

La diversité est une richesse mais nécessite toujours de gros efforts de compréhension de part et d'autre. Aussi, l'utilisation du distinguo entre ces formes d'intelligences et de comportements est très efficace comme outil d'inclusion pour faire dialoguer des personnes d'horizons très différents. Cette approche est très complémentaire et située en amont de l'utilisation de tests de personnalité, type MBTI (qui fait ressortir seize types de comportements différents) ou la Process Communication* (le modèle identifie un certain nombre de caractéristiques communes nettement identifiables dans les comportements des individus qui sont regroupés en six catégories), et du coaching qui permet une analyse des situations plus pointues et plus en profondeur. Le but est de capitaliser davantage sur ses forces que sur ses faiblesses.

Finalement, une fois l'habitude prise de décrypter une situation ou une personne avec ces deux systèmes de pensée, chacun a en main un outil pour comprendre et résoudre des situations épineuses, de conflit, de difficulté de communication, de mal-être avec plusieurs pistes. En espérant bien sûr que ces approches soient utilisées par des personnes bien intentionnées !

→ Adapter leur gestion de carrière à leurs spécificités

Leur apporter un soutien au plus haut niveau

Compte tenu des résistances de toutes sortes en interne face aux personnes intuitives, atypiques et innovantes, l'organisation et ses dirigeants sont plus ou moins contraints de prévoir un système qui les protège et leur permette de s'exprimer, d'être entendues et écoutées. Il faut pour cela une hiérarchie qui les soutienne, des équipes suffisamment motivées, des moyens qui leur permettent de mettre en œuvre leurs projets ou leurs idées, un terrain favorable pour l'expérimentation, etc.

Prenons l'exemple de Barclays France évoqué dans un précédent livre[1] qui, sur un tout autre sujet, mais avec la même problématique, avait dû mettre en place tout un dispositif de soutien et de mentoring pour permettre une promotion effective des femmes à des postes de direction. La banque avait ouvert des espaces de parole et instauré des moments où les femmes pouvaient s'exprimer et parler de leurs envies et des obstacles sur leur route quand elles visaient des fonctions à responsabilité. Là encore, les freins venaient aussi bien des femmes elles-mêmes que de leur environnement.

Les protéger des personnes toxiques

Les détecter, les protéger et les accompagner pour les mettre à l'abri des personnalités toxiques participe aussi à la lutte contre la souffrance au travail. Nous avons vu que leur conscience professionnelle, leur besoin de sens, leur perfectionnisme, leur degré d'exigence, leur sens aigu de la justice et de l'harmonie

---

1. Myriam Ogier, *Prendre des risques pour réussir. Oser de nouvelles attitudes ou manager autrement*, Dunod, 2011.

les rendent vulnérables et en font des victimes toutes désignées de personnes plus ou moins bien intentionnées, comme les pervers, les manipulateurs, etc. Dès lors, les entreprises qui souhaitent investir en eux parce qu'elles croient en leur potentiel, doivent alimenter leur créativité, favoriser leurs initiatives et les placer à des fonctions ou dans un rôle clés, à responsabilité ou non selon les cas. À la clé, c'est moins de stress, de *burn out*, d'arrêts maladie, de dépressions, de maladies graves, voire de suicides. Si les entreprises y sont sensibles et les accompagnent efficacement, elles interviendront ainsi en amont, au niveau de la prévention. Elles devraient au passage faire des économies substantielles, en réduisant ainsi les dépenses destinées à lutter contre les risques psychosociaux.

Un autre moyen pour les entreprises de protéger les neurodroitiers est de repérer les pervers ou les personnalités toxiques. Un indicateur fiable est l'état de leurs équipes. Les médecins du travail sont également une bonne source d'information, car ils reçoivent des informations convergentes sur une personne malfaisante. Un taux anormalement élevé d'absentéisme, de turnover, de *burn out*, d'arrêts maladie, dans un service, un département sont aussi autant de signaux d'alerte. De même, si un salarié performant et sans histoire jusque-là change de comportement, semble être déstabilisé, perd subitement ses moyens, n'est plus capable de penser ou de s'exprimer normalement, a soudainement perdu toute confiance en lui, on peut se poser la question du harcèlement. Après, reste à déterminer qui est celui qui le harcèle : son patron ? un collègue ? un collaborateur ? On a vu que le pervers pouvait se cacher derrière un masque sympathique et séducteur, qu'il sait agir en toute discrétion, à l'insu de la personne visée et de son entourage. Aussi, quiconque veut dénoncer un harcèlement a intérêt à bien préparer le terrain et à apporter des éléments concrets, sinon personne ne le croira puisque l'image publique du pervers est souvent parfaite ou presque.

Prévoir des évolutions de carrière rapides

La gestion de leur carrière et de leur quotidien devra s'adapter à leurs différences. Un talent comme le leur doit être nourri. Il faut tenir compte de leur rapidité, de leur efficacité et de leur besoin viscéral de nouveauté et de mouvement, de complexité, de défis et de challenges, pour utiliser leur énergie créatrice. Ils doivent évoluer plus rapidement que la moyenne pour éviter de sombrer dans l'ennui dès qu'ils auront fait le tour de leur poste. La routine doit être proscrite. Non seulement elle les démotive, mais elle est, pour eux, un facteur de stress. Comme ils sont souvent impatients et qu'ils ont besoin d'évoluer à leur rythme, leurs employeurs, s'ils veulent les garder et profiter de leurs multiples talents, doivent prendre en compte ces éléments, car ils n'hésiteront pas à partir s'ils sont insatisfaits, surtout s'ils sont jeunes et s'ils se sentent plein d'avenir et d'énergie.

Alléger les rapports hiérarchiques

Pour faire éclore l'innovation, il faut des circuits courts de décision permettant de passer rapidement de l'idée au produit, de réagir vite dans un contexte où les modèles de consommation évoluent rapidement. Il faut donc des rapports hiérarchiques allégés. De ce point de vue, on verra probablement en France de grands changements, car le modèle de gouvernance est encore bien souvent très pyramidal. Il ne correspond plus au besoin de souplesse et d'agilité des structures, ni aux aspirations des jeunes générations. Les entreprises s'en préoccupent et sont amenées à changer d'organisation, de modèle économique. Elles sont confrontées aussi aux mentalités et aux schémas issus de notre éducation. Depuis l'école, nous avons appris à écouter le professeur qui est censé détenir le savoir. Tout dépend de la culture de l'entreprise, mais encore très souvent cette situation se reproduit dans l'entreprise où le collaborateur compte sur son patron pour lui donner des ordres et des orientations. Ce schéma de pensée ne pousse pas à la prise d'initiative, aux échanges simples de points de vue avec sa hiérarchie. Il conduit les salariés à cacher leurs difficultés, leurs problèmes ou leurs erreurs, par peur d'être sanctionnés. Or, pour être libre et innover, il faut se sentir en sécurité, pouvoir s'exprimer librement et sans risquer d'être (mal) jugé.

Réfléchir en termes de compétences, plutôt que de diplômes

Pour détecter les personnes intuitives, innovantes et atypiques lors d'un recrutement ou d'une sélection, il faut avoir en tête que leurs qualités ne sont pas toujours apparentes et ne se traduisent pas nécessairement ni dans leurs résultats scolaires, ni plus tard dans leur diplôme. Elles s'expriment davantage dans leurs comportements et dans leurs décisions. Les grandes universités britanniques et américaines l'ont compris depuis longtemps et, dans leur sélection, prennent en compte, non seulement les performances, mais aussi l'originalité des parcours et des personnalités. Le système anglo-saxon a en outre l'avantage de mieux préparer à la prise de risque et d'initiatives, voire à une carrière d'entrepreneurs car, contrairement au nôtre, il valorise le collectif, privilégie une culture de débats, y compris avec les professeurs. Les Anglo-Saxons considèrent aussi que si un diplôme aide au départ d'une carrière, l'expérience et le potentiel acquis au fil du temps comptent en réalité beaucoup plus. De fait, ils sont plus ouverts sur la diversité des carrières et des profils ; un étudiant diplômé en histoire pourra, par exemple, intégrer une grande entreprise ou une banque. Il sera reçu par des opérationnels qui testeront ses compétences et miseront sur son potentiel ; tandis que les ressources humaines valideront ses aptitudes comportementales. Son ouverture d'esprit sur le monde et sa culture générale seront considérées comme un attrait supplémentaire.

À l'inverse, en France, le sacro-saint attachement aux prestigieux diplômes reste prégnant. Et le recrutement sur la base du diplôme, et non des compétences ou du potentiel, est encore extrêmement répandu. Pourtant, la liste de ceux qui n'ont pas fait d'étincelles à l'école et ont brillamment réussi est longue et dans tous les domaines : François Pinault, Xavier Niel, Guy Degrenne, Jean-Claude Decaux, Alain Ducasse… et ceux déjà cités.

Guy Degrenne : le cancre qui fit fortune

La réussite de Guy Degrenne en est une belle illustration. En 1980, un spot publicitaire resté célèbre met en résonance son passé de cancre et sa réussite entrepreneuriale. Il relate ses mésaventures : on est en 1935, le proviseur de Guy Degrenne le convoque avec ses parents pour leur annoncer qu'il renvoie le petit Guy, car ses notes sont lamentables, sauf en dessin (18 sur 20) ; le cancre passait ses cours à dessiner des couverts et des plats. Il lui fait la leçon en décrétant : « Ce n'est pas comme cela que vous réussirez dans la vie, monsieur Guy Degrenne. » Le contraste avec la réussite que le coutelier a connue par la suite met en évidence l'incapacité de ce proviseur à voir la réalité. En 1948, Guy Degrenne reprend la forge de son père. Conscient qu'au sortir de la Seconde Guerre mondiale le besoin en équipement des ménages est considérable, il a alors l'idée de démocratiser les arts de la table en récupérant l'acier des chars blindés en Normandie pour créer des couverts en acier inoxydable. Son pari réussit et l'aventure industrielle se met en marche. Encore aujourd'hui, la société reste le premier fabricant de couverts en Europe et le deuxième dans le monde.

Veiller au respect des valeurs affichées

Pour les neurodroitiers particulièrement, les valeurs affichées par un groupe doivent se concrétiser dans les faits. Cela demande une vigilance au plus haut niveau. Sinon, l'effet est délétère sur eux et donne le signal que ce ne sont que des paroles dénuées de tout sens. L'effet est encore plus désastreux si certains salariés, appliquant à la lettre les valeurs de l'entreprise, sont sanctionnés. C'est pourquoi une direction qui veut vraiment impulser un bon climat doit mettre en place toute une organisation pour que, ce qui est voulu au plus haut niveau, se concrétise à tous les échelons. Elle peut aussi veiller à ce que les postes à responsabilité soient confiées à des personnes qui incarnent ces valeurs et en soient les garantes. On peut imaginer aussi un système où ceux qui ne respectent pas les valeurs du groupe seraient pénalisés, par exemple par une moindre augmentation de salaire, moins de promotion...

Saisir les spécificités des jeunes neurodroitiers

Parmi ces neurodroitiers, se trouvent des jeunes et des moins jeunes et une réflexion sur la manière de les motiver et d'en tirer le meilleur parti dans une relation gagnant-gagnant est nécessaire.

Pour les jeunes, il nous paraît important de mettre un cadre et des limites car s'ils sont soucieux d'être respectés, pour autant, ils ne mettent pas toujours les formes avec leurs aînés. Il faut donc trouver avec eux un *modus vivendi* pour nourrir leur curiosité, leur dynamisme, leur envie d'entreprendre…, tout en les cadrant pour que leurs actions aillent dans le sens de l'intérêt collectif. « La génération Y est réputée moins loyale envers l'entreprise, mais elle est en réalité plus exigeante, sans toujours accepter les contreparties que leurs aînés ont consenties, remarque Luc, DRH dans un grand groupe. Elle est demandeuse de responsabilités rapides sans toujours mesurer leur besoin d'expérience préalable. Elle est aussi peu tolérante à la discrimination, à la manipulation, au double discours et à la langue de bois », ajoute-t-il.

Pour les grands groupes, ils présentent un challenge de taille car les attirer puis les fidéliser n'est pas toujours simple. Beaucoup d'entre eux préfèrent démarrer leurs carrières à l'étranger ou rejoindre des start-up ou des PME, ou suivre des chemins plus innovants, plus stimulants et mieux adaptés à leur rythme, rapide. Ils recherchent des structures où les processus de décision sont plus souples, plus courts, plus efficaces, avec des relations hiérarchiques plus directes, moins formelles, avec une dynamique et un espace de liberté importants.

Leurs comportements sont-ils différents de leurs aînés ? Il semble bien que oui. La pensée en arborescence, caractéristique des intuitifs et des innovants, est plus répandue chez eux dont le mode de fonctionnement et le relationnel tranchent avec celui de leurs parents. Nés dans un univers où ils sont connectés en permanence, ils font plusieurs choses en même temps ; zappent d'une chaîne à l'autre, d'un sujet à l'autre depuis leur plus tendre enfance… Ils discutent avec leurs amis, tout en échangeant avec d'autres grâce à leur mobile. Leurs relations sont plus directes. Ils sont habitués depuis tout petits à s'exprimer plus librement. Certains n'hésitent d'ailleurs pas à remettre en cause leurs professeurs, leurs parents, plus tard leurs patrons s'ils le jugent nécessaire... Ils respectent l'autorité à condition qu'elle soit une autorité de compétence. Ils font souvent preuve de plus d'assertivité, de confiance en eux que leurs aînés en avaient au même âge. Grâce à Erasmus, ils sont nombreux à avoir eu des expériences à l'étranger, découvrant ainsi d'autres manières de vivre, de faire et de penser ; ils sont donc plus enclins à remettre en cause les modèles existants. Ils n'ont pas forcément connu beaucoup de frustrations, ayant généralement reçu plus d'attentions de leurs proches que les générations précédentes. Ils peuvent aussi être plus égocentriques et avoir des comportements d'enfants gâtés. Ils n'ont pas forcément beaucoup d'écoute. Ils sont aussi plus impatients et plus mobiles. Ils sont habitués à aller plus vite, à être plus opportunistes. Ils sont moins dociles et plus pressés d'évoluer et d'avoir des responsabilités. Ils sont moins fidèles à l'entreprise. S'ils ne sont pas satisfaits de leur poste, ils n'hésitent pas à partir ailleurs, à choisir des voies plus risquées parce qu'elles leur apportent la diversité et le challenge dont ils ont besoin. Les filières entrepreneuriales des grandes écoles sont d'ailleurs en plein essor.

Il semble aussi que se dessinent au moins deux types de jeunes aux comportements et aux aspirations opposés. Certains jeunes ont une ambition froide, sont sans affect, se replient de plus en plus sur eux-mêmes et se réfugient dans le matérialisme, avec un égoïsme et un égocentrisme grandissant. Ils sont accrochés à une certaine routine et un certain confort dans le matérialisme et l'individualisme. D'autres, en réaction, sont à la recherche de plus de valeurs, cherchent à mettre davantage de sens dans leur travail, veulent souvent davantage d'équilibre entre vie professionnelle et vie de famille. Ils vont chercher de nouvelles opportunités, idées, ils veulent innover, bousculer les habitudes, s'ouvrir à la diversité, développer des attitudes de solidarité. Les jeunes que l'on décrit souvent comme très (trop) gâtés partent aussi de plus en plus en missions humanitaires, comme si, en réaction, une partie de la population – peut-être minoritaire ? – était aussi de plus en plus attachée à des valeurs de partage, de respect de soi, des autres et de la planète.

Reste à savoir laquelle des deux attitudes l'emportera sur l'autre. Quelles tendances domineront dans les années à venir ? Vivrons-nous dans un monde de plus en plus matérialiste dont le but est de gagner toujours plus d'argent et d'avoir toujours plus de confort et de plaisir, alors que chacun sait que cela conduit à une vacuité et à un certain niveau de désespérance ; ou dans un monde où les hommes aspireront à plus de liberté, d'innovation et de création, où l'épanouissement des personnes sera un objectif ? Souhaitons que la seconde triomphe ou un mélange des deux.

Prendre en compte les aspirations des seniors neurodroitiers

Quant aux seniors, nous avons vu que leur capacité à innover ne diminuait pas avec l'âge. Se pose donc la question de la gestion de carrière des personnes au-delà de 50 ans. Ces seniors ne cherchent pas nécessairement à monter en grade, ni à gagner plus d'argent. En revanche, ils aspirent à des tâches toujours motivantes et diversifiées. Des pistes peuvent être explorées pour leur permettre de trouver de quoi alimenter leur curiosité et leur appétence pour l'action. On peut imaginer qu'ils se voient confier des projets ou des postes de chargés de missions. Dans ce cas, il faut veiller à leur donner un statut suffisamment reconnu pour qu'ils n'aient pas l'impression d'être rétrogradés. Car s'ils n'ont pas un ego démesuré, ils sont sensibles aux regards que les autres posent sur eux. Certains peuvent aussi aspirer à faire des actions de mentoring, de formation, à transmettre leurs savoirs aux plus jeunes. Nous avons vu qu'ils aimaient généralement beaucoup enseigner dans des domaines qui leur tiennent à cœur. Comme ils détestent la routine, certains pourraient apprécier de se partager entre plusieurs postes, d'avoir plusieurs casquettes ou encore de travailler à temps partagé, à la fois dans leur entreprise et quelques jours par mois sur un projet personnel qui leur tient à cœur. Quelques-uns peuvent également avoir envie de participer, sur une durée plus ou moins longue, à l'aventure de start-up innovantes, dépendantes ou non de leur entreprise, d'en découvrir et de proposer à leur entreprise d'investir dans leur capital pour trouver des axes de développement futur ou de diversification, etc. En tout cas, arrive un moment où en prenant de l'âge, les personnes innovantes avec une grande expérience ont besoin d'encore plus de liberté et d'autonomie pour en faire le meilleur usage. Quelles que soient les idées qui peuvent émerger, il nous semble que l'entreprise devra trouver des formes nouvelles de travail plus souples et plus créatives pour s'adapter à leurs besoins et répondre aux aspirations de leurs salariés.

Luc, DRH d'un grand groupe, imagine plusieurs hypothèses les concernant : « S'ils se sont remis en cause et sont conscients de leur position sur le marché du travail, ils sont prêts à réexaminer leur situation dans l'entreprise et à considérer un schéma innovant. Tel collaborateur en fin de carrière serait prêt, plutôt qu'être placé sur une voie de garage, à reprendre un poste sur le terrain, faisant appel à son expérience et ses compétences, et pourquoi pas d'un niveau inférieur, s'il a le sentiment d'apporter une valeur ajoutée à l'entreprise ; tel autre, voudrait travailler quelques années à temps partiel afin de s'investir auprès de sa famille ou de développer une activité qui lui tient à cœur ; tel autre qui tourne en rond dans son poste, est probablement prêt à explorer un marché, à assurer une transition, à développer un métier, à mettre en place un processus ; enfin tel autre encore serait peut-être prêt à se redéployer dans un poste moins bien rémunéré, plutôt que de quitter l'entreprise. »

Inventer une gestion de carrière adaptée aux profils non standard

Pour Luc, « à côté de la gestion des carrières classique, il faut en inventer une autre, à la fois plus agile et plus individualisée pour gérer les profils non standard et les besoins non conventionnels de l'entreprise ». Il propose de raisonner en termes de missions, compétences mobilisables et résultats obtenus, et suggère quelques pistes : « Développer une excellente connaissance des collaborateurs, centrée sur leurs compétences et leur potentiel ; instaurer une confiance mutuelle pour autoriser un dialogue franc, le collaborateur pouvant alors exprimer librement ses attentes ainsi que les contraintes et potentialités liées à sa situation personnelle, tout en recevant de son entreprise une information claire et non biaisée sur les projets de l'entreprise, les opportunités qu'ils peuvent représenter, et l'évaluation qui est portée sur ses compétences. »

Il note qu'il recommande d'« établir un circuit de décision court : lorsqu'un besoin nouveau apparaît, un processus d'approbation plus rapide que lors d'une création de poste ; lorsqu'un candidat se déclare, un processus de validation axé sur ses compétences ». Il s'agit aussi de « dépasser la notion de poste lié à des avantages et régler séparément les questions de niveaux de classifications et de salaire ».

→ L'innovation, un enjeu majeur pour l'entreprise

Nous constatons tous les jours que des produits, des marchés traditionnels sont en train de disparaître. Pour prendre deux exemples iconiques : le téléphone et l'ordinateur. En quelques décennies, ces deux produits révolutionnaires ont eux-mêmes évolué considérablement. Leur multifonctionnalité a eu un impact considérable tant sur l'économie que sur les relations entre les individus dans le monde entier.

Ce type d'innovations disruptives tue des emplois dans un premier temps, avant d'en créer ailleurs. Selon une étude de Mac Kinsey[1],

---

1. « Technology, jobs, and the future of work », par James Manyika, *http://www.mckinsey.com/global-themes/employment-and-growth/technology-jobs-and-the-future-of-work*.

45 % des activités actuellement exercées aux États-Unis vont évoluer ; non seulement dans l'industrie, mais aussi dans le transport, le commerce de détail, les métiers de l'assurance, de la banque, de la comptabilité…

Des pans entiers de l'économie connaissent, non pas des évolutions, mais des révolutions. L'apparition de compagnies de chauffeurs privés secoue le modèle économique des taxis ; sous cette subite concurrence, ces derniers ont dû modifier au plus vite leur manière de travailler pour ne pas disparaître. La SNCF se voit concurrencée par des lignes de bus et plus encore par le système de covoiturage Blablacar jusqu'à 4 fois moins cher. La Poste a perdu des pans entiers de son activité avec l'apparition des e-mails. Les Google, Amazon… vont concurrencer de grands groupes bancaires ou d'assurance, en captant une partie de leur clientèle, car ils sont bien placés pour connaître leurs goûts, leurs centres d'intérêt, leurs préoccupations et leurs attentes…

Les évolutions et les révolutions sont de plus en plus rapides, dans tant de secteurs, que les entreprises qui se croient à l'abri et campent sur leurs positions et leurs acquis peuvent être balayées en quelques années. Un exemple, BlackBerry. Le groupe a enregistré un record de ventes en 2011. Six ans plus tard, il a quasiment disparu. Certaines études estiment que 50 % des compétences, connaissances, métiers existant aujourd'hui seront devenus obsolètes ou auront disparu dans cinq ans.

Les nouvelles technologies de l'information et de la communication peuvent entraîner un chômage de masse, mais aussi des relocalisations de certaines productions. Grâce à elles, des emplois peu qualifiés sont rapatriés pour se rapprocher de leurs clients. Ainsi, Adidas a ouvert une usine très robotisée en Allemagne. Cela peut aussi entraîner la création de meilleurs emplois, plus intéressants et mieux rémunérés.

Les changements ne vont aller qu'en s'accélérant. Les entreprises et les individus doivent désormais en permanence s'adapter, imaginer de nouveaux produits et de nouvelles offres, aller à la conquête de nouveaux marchés. Pour s'adapter à un marché en perpétuelle mutation, sur fond de crise – crise de société, crise de modèle économique et social, etc. –, les personnes-ressources ne sont plus les gestionnaires, capables de s'occuper de l'existant, mais celles capables de réinventer le monde, d'anticiper et d'imaginer des changements, de penser autrement ; celles capables d'imaginer et de se projeter dans le futur, sans être effrayées par l'inconnu et d'avoir une ou plusieurs longueurs d'avance. D'où l'importance de courtiser les profils intuitifs, atypiques et innovants.

En conclusion et pour paraphraser une citation prêtée à André Malraux, ce début du XXIe siècle sera celui des intuitifs, innovants et atypiques ou ne sera pas. Les entreprises et leurs salariés devront retrouver leur appétence pour le risque et l'aventure pour être en capacité d'innover et de trouver de nouveaux marchés et débouchés pour assurer leur croissance.

Albert Einstein disait : « Le mental intuitif est un don sacré et le mental rationnel est un serviteur fidèle. Nous avons créé une société qui honore le serviteur et a oublié le don. » Il est temps de le reconnaître et de le valoriser. C'est l'intérêt de tous, que ce soit l'entreprise, ses dirigeants, les ressources humaines, les professeurs, les parents et vous-même. Plus la société dans son ensemble reconnaîtra et identifiera l'intérêt et les qualités de ce mental intuitif, plus ceux qui l'incarnent pourront mettre au service de la collectivité leurs talents au service de tous, à commencer par eux-mêmes. Plus ils seront acceptés et reconnus, plus ils seront à l'abri des personnes tentées d'exploiter leurs défauts ou leurs faiblesses. En les reconnaissant et en les valorisant, aux côtés des cerveaux gauches, la société y gagnera. Gageons que dans les années qui viennent, même s'ils font peur et en gênent plus d'un, les entreprises s'intéresseront davantage à eux. S'ils savent se mettre en valeur, révéler le meilleur d'eux-mêmes, l'avenir leur appartiendra ! Au grand bénéfice de leur entreprise…

Focus

Ce qu'il faut retenir

Pour les atypiques, intuitifs et innovants

- Bien saisir les différences de formes d'intelligence, notamment pensée séquentielle et pensée en arborescence.

- Saisir les différences entre neurodroitier (« cerveau droit ») et neurogaucher (« cerveau gauche ») pour se comprendre et comprendre les autres.

- Se reconnaître et s'accepter comme neurodroitier.

- Prendre conscience de ses comportements spécifiques.

- Bien cerner ses forces et ses faiblesses pour se situer dans son environnement.

- Travailler sur ses fragilités pour les dépasser.

- Se protéger, se défendre des personnes mal intentionnées et des pervers.

- Trouver sa place dans l'organisation.

- Travailler sa présentation (CV, LinkedIn…) et ses interventions (*mind map* pour structurer ses propos).

- S'organiser *a minima* et gérer ses priorités.

- Communiquer efficacement avec son environnement et développer son sens politique.

- Bien choisir son environnement.

- Développer ses réseaux et identifier ses appuis.

- Se faire accompagner par un coach ou un psy qui connaît bien la problématique pour dépasser ses difficultés et ses souffrances, mais aussi pour renforcer son assertivité, trouver le bon environnement, mieux communiquer et identifier et mettre en valeur son potentiel...

Pour l'entreprise face aux atypiques, intuitifs et innovants

- Se sensibiliser à leurs spécificités.

- Reconnaître leurs compétences et particulièrement leur capacité à innover.

- Prendre conscience de leurs apports positifs pour l'ambiance générale, leur efficacité...

- Mettre en place un dispositif pour les identifier, leur faire de la place et les mettre en valeur.

- Veiller à les préserver des personnes « toxiques ».

- Adapter la gestion de carrière à leurs spécificités.

- Avoir une réflexion sur la carrière des neurodroitiers jeunes et des seniors.

- Les faire accompagner par un coach connaissant ces problématiques pour identifier et mettre en valeur leur potentiel.

Annexes

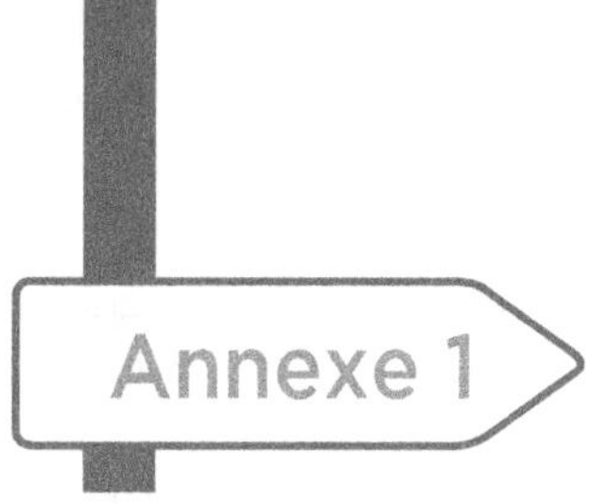

Adapter le système éducatif aux nouveaux besoins

Pour aider les entreprises et la société en général à donner leur juste place aux profils intuitifs, innovants et atypiques, il importe de changer les comportements bien en amont, c'est-à-dire à l'école. Si la maternelle permet aux enfants de créer et d'apprendre, leur entrée dans le primaire, puis leur apprentissage tout au long de leur parcours scolaire sont marqués par l'influence des neurogauchers. L'analyse, la logique, la pensée séquentielle… prennent le dessus, avec leurs aspects positifs, mais aussi délétères. Aussi, nous allons, en conclusion, évoquer quelques changements nécessaires au niveau de l'éducation.

→ Sensibiliser les futurs responsables au management

Une vision plus humaniste a également influencé l'enseignement. Pendant plusieurs siècles, l'idée était de donner aux enfants (du moins ceux qui avaient accès à l'éducation) une culture assez large, mariant différentes matières relevant de plusieurs types d'intelligence. Cela permettait l'émergence de personnalités riches, aux talents multiples. Avec la révolution industrielle, les choses ont peu à peu évolué, car les entreprises ont eu davantage besoin d'ingénieurs, de concepteurs de machines, que de philosophes. Elles ont cherché à augmenter leur productivité, avec des employés plus spécialisés dans leurs domaines. Ce qui explique probablement en grande partie que durant les dernières décennies, les dirigeants aient été sélectionnés sur des critères plus techniques qu'humains. Nous avons vu que les besoins étaient en train d'évoluer, les entreprises ayant besoin de responsables plus à l'écoute de leurs salariés ou collaborateurs et mieux formés au management.

→ Valoriser tous les types d'intelligence

Les recherches sur l'intelligence des années 1980-1990 ont eu, jusqu'à maintenant, peu de répercussions sur la manière d'enseigner. Les matheux et les analytiques restent toujours considérés comme les éléments les plus intelligents et les plus brillants, et sont envoyés dans les filières scientifiques. Les filières littéraires, de sciences sociales et humaines restent bien souvent considérées aujourd'hui encore comme des fabriques de chômeurs. Il est frappant, en outre, de constater qu'en quelques années les étudiants se sont recentrés sur trois types d'études : droit, commerce et ingénieur.

Pour sortir de ce fonctionnement normé, adapté à la réussite scolaire, mais pas forcément à l'épanouissement de l'individu, l'enseignement devrait réhabiliter toutes les formes d'intelligence et les études littéraires, de sciences humaines, artistiques et manuelles. Il devrait également valoriser l'intelligence émotionnelle et l'intelligence collective, et faire davantage pour les profils scientifiques pour qu'ils puissent développer leurs dimensions humaines et créatives.

→ Faire évoluer les méthodes d'apprentissage

Des pays d'Europe du Nord, comme la Finlande, sont en avance sur ce sujet. Ils ont mis au point de nouveaux modes d'apprentissage, plus ludiques et où les enfants interrogent leur professeur pour avoir des réponses aux questions qu'ils se posent. Les résultats obtenus sont très probants et classent ces pays en tête des évaluations des différents systèmes scolaires, alors que le nôtre recule chaque année. En France, l'expérience relatée par Céline Alvarez[1], institutrice à Gennevilliers, montre l'impact de la manière d'enseigner sur le comportement des enfants, la façon dont ils apprennent et se prennent en charge quand on leur offre à la fois liberté et encadrement. Elle s'est inspirée de la méthode Montessori. Elle raconte comment, avec son assistante, elle arrivait, avec des enfants bruyants, indisciplinés, fatigués, ayant des difficultés d'apprentissage et de concentration, à obtenir d'excellents résultats, à leur apprendre à lire en quelques semaines, à s'autoréguler et à s'autodiscipliner... Son expérience montre que les enfants sont alors naturellement créatifs, innovants, respectueux des autres et des règles, tout en développant leurs capacités d'analyse et de logique. Ils utilisent ainsi bien les deux hémisphères de leur cerveau, suivant leurs besoins. Alors que ses résultats étaient plus que probants, elle s'est, malheureusement comme souvent heurtée à l'hostilité de l'institution, en l'occurrence l'Éducation nationale. On lui a reproché de jeter le discrédit sur les autres méthodes et les autres enseignants. Elle a été contrainte d'arrêter l'expérience...

Si la problématique des adultes et des enfants « cerveaux droits » était mieux prise en compte, on pourrait espérer que le système scolaire permette alors à ces profils singuliers d'avoir la reconnaissance et la place qu'ils méritent. Notre manière d'enseigner et d'apprendre a un impact sur notre manière de penser et de réagir. D'autres méthodes comme celles prônées par les écoles Montessori, mais également Steiner ou Freinet sont plus proches des besoins des cerveaux droits, car elle libère la parole et la créativité et restreint le jugement. Le système anglo-saxon est par certains aspects aussi

---

1. Cécile Alvarez, *Les Lois naturelles de l'enfant. La révolution de l'éducation à l'école et pour les parents*. Paris, Les Arènes, 2016.

plus adaptés à eux. Ceci se voit à travers le système de notation. Les professeurs jugent la qualité globale de leurs devoirs et encouragent leurs élèves à s'exprimer et à débattre ; quand, chez nous, l'élève perd des points à chaque erreur et doit écouter religieusement son maître parce qu'il est censé détenir le savoir. De même, pourquoi imposer l'apprentissage de matières à des élèves ou étudiants qui seraient bien plus motivés s'ils pouvaient construire un programme à la carte, comme c'est le cas aux États-Unis et en Grande-Bretagne, sachant qu'une des clés de la réussite est la motivation, particulièrement pour un neurodroitier.

→ Les repérer dès l'école

La France est encore très en retard sur l'accompagnement des précoces ou neurodroitiers à l'école. Certains professeurs refusent toujours cette idée qui mettrait à leurs yeux certains enfants au-dessus des autres, au détriment du principe d'égalité, alors même qu'ils se trouvent dans toutes les couches de la population. Le phénomène est désormais toutefois mieux connu grâce à une littérature abondante sur le sujet. On sait que ces enfants ont des interrogations métaphysiques étonnantes eu égard à leur âge, des questionnements incessants sur des sujets dits d'adultes, un côté décalé, voire parfois bizarre, et qu'ils sont souvent plus à l'aise avec les adultes qu'avec leurs pairs. Ils peuvent être cancres, se croire stupides ou être considérés comme tels par leurs professeurs. Parce qu'ils ne sont pas comme les autres, ces enfants sont aussi davantage harcelés, pris comme tête de Turc. Ne pas les détecter peut, non seulement leur gâcher leur enfance, mais aussi en grande partie leur vie personnelle et professionnelle. C'est d'autant plus grave qu'une minorité d'entre eux peut, sous la pression de la frustration et de la violence et un besoin de « se réaliser » d'une manière ou d'une autre, décider d'utiliser leur intelligence à mauvais escient, par exemple en devenant escroc, trafiquant de drogue, chef de bandes, en rejoignant une entreprise terroriste... D'où l'intérêt une fois de plus de les identifier au plus tôt. Plus leur singularité est connue et respectée, plus ces enfants ont de chance de s'épanouir, d'être sauvés et d'apporter le meilleur d'eux-mêmes à la société de demain. Si tous étaient reconnus et savaient à quoi était due leur singularité, cela éviterait que leur problème d'intégration et de positionnement ne perdure dans leur vie d'adulte, et notamment dans leur vie professionnelle où les mêmes causes produisent les mêmes effets.

→ Les guider dans leur orientation

Il est important que les neurodroitiers choisissent des orientations qui conviennent à leurs goûts, plutôt que d'essayer de suivre des modèles de réussite. Par exemple, s'ils sont très bons dans les matières scientifiques, ils sont encouragés à faire une prépa d'ingénieur ou à faire médecine. Ils doivent alors se poser la question : « Est-ce que ces filières me plaisent et me seront particulièrement utiles si je veux évoluer plus tard vers d'autres métiers ? » La réponse est oui s'ils optent pour des études d'ingénieur avec l'idée d'être designer (pour imaginer de beaux produits – c'est le cas des aspirateurs ou ventilateurs Dyson qui sont à la fois beaux et techniquement innovants) ou architecte (les deux formations se complètent). En tout cas, ils ont intérêt à ne pas se laisser enfermer dans le développement d'un seul don pour faire éclore les multiples talents qui sommeillent en eux tout au long de leur carrière et de leur vie. Ils seront d'autant plus performants s'ils font un métier qui les passionne et qui fasse sens pour eux.

Lexique

→ Vocabulaire ou concepts

Analyse transactionnelle. Créée dans les années 1950 par le médecin psychiatre et psychanalyste Éric Berne, l'analyse transactionnelle, appelée aussi AT, est une théorie de la personnalité, des rapports sociaux et de la communication. Elle est fondée sur le postulat que chaque individu a trois « états du Moi » : Parent (Parent nourricier et Parent normatif), Adulte, Enfant (Enfant soumis, Enfant rebelle et Enfant libre). Cette théorie étudie les phénomènes intrapsychiques à travers les échanges relationnels de deux personnes ou plus, appelés « transactions ». Elle vise à permettre une prise de conscience ainsi qu'une meilleure compréhension de « ce qui se joue ici et maintenant » dans les relations entre deux personnes et dans les groupes.

Asperger (du nom du pédiatre viennois Hans Asperger). Ces surdoués bien particuliers vivent dans leur bulle, dans leur monde, avec des passions, tout aussi insolites qu'obsessionnelles, et sont incapables de se relier aux autres. Ils sont atteints d'une forme d'autisme et parfois aussi de TOC (troubles obsessionnels compulsifs). Ils sont recherchés dans la Silicon Valley.

Autisme. La définition de l'autisme renvoie aux critères de psychopathologie clinique de référence : la *Classification internationale des maladies* (CIM), et le *Manuel diagnostique et statistique des troubles mentaux* (DSM). C'est l'association de deux critères de trouble, l'un social et l'autre comportemental, qui tend à définir aujourd'hui l'autisme. La personne présente des troubles qualitatifs de la communication verbale et non verbale, des altérations qualitatives des interactions sociales, des comportements présentant des activités et des centres d'intérêt restreints, stéréotypés et répétitifs.

Cerveau droit/neurodroitier et cerveau gauche/neurogaucher. On appelle « cerveaux droits » ou « neurodroitiers », les personnes qui utilisent de manière préférentielle l'hémisphère droit de leur cerveau. Elles sont généralement innovantes, intuitives, atypiques et dans l'affect, avec une pensée en arborescence.

On appelle « cerveaux gauches » ou « neurogauchers », les personnes qui utilisent de manière préférentielle l'hémisphère gauche de leur cerveau. Elles sont généralement analytiques et logiques avec une pensée séquentielle.

Complexe du homard. La pédiatre et psychanalyste Françoise Dolto[1] parlait de « complexe du homard ». Elle a inventé cette image pour représenter la crise d'adolescence. L'enfant se défait de sa carapace, soudain étroite, pour en acquérir une autre. Entre les deux, il est vulnérable, agressif ou replié sur lui-même.

Les « dys ». Les personnes utilisant préférentiellement leur hémisphère droit, parfois aux dépens du gauche, certains ont

---

1. Pédiatre et psychanalyste française, Françoise Dolto (1908-1988) s'est consacrée à la psychanalyse des enfants. Reconnue pour sa pratique spécifique dans ce domaine mais également pour son apport théorique à la psychanalyse, en particulier sur l'image inconsciente du corps, elle a œuvré à la vulgarisation de ces connaissances, à la fin des années 1970, dans une émission de radio qui a contribué à la faire connaître du grand public.

des problèmes de dyslexie, de dysorthographie, de dysphasie ou de dyspraxie. (*http://www.anpeip.org* – Association nationale pour les enfants intellectuellement précoces).

La **dyslexie** est imputable en partie au mauvais fonctionnement de l'hémisphère gauche, celui qui est dédié au langage (et au traitement séquentiel) ; celui-ci traite en effet les informations qui se suivent dans un certain ordre, ce qui est le cas des lettres, syllabes et mots à l'oral comme à l'écrit.

La **dysorthographie** est un dysfonctionnement de l'écriture dû à un trouble d'apprentissage persistant de l'acquisition et de la maîtrise de l'orthographe, également appelé trouble de l'acquisition de l'expression écrite (altération de l'écriture spontanée ou de l'écriture sous dictée).

La **dyscalculie** est un trouble du langage écrit et scolaire qui porte plus spécifiquement sur les chiffres et le calcul.

La **dyspraxie** est un trouble du mouvement qui entraîne une incapacité totale ou partielle à automatiser et à planifier les gestes. Elle touche spécifiquement les enfants, sans pour autant qu'ils présentent des troubles moteurs ou un déficit intellectuel.

La **dysphasie** est une pathologie impliquant un trouble de l'apprentissage et du développement du langage : le dysphasique subit une altération de sa capacité à parler oralement ou par signes, et de ses capacités de compréhension de la langue parlée. L'étymologie du terme « dysphasie » est grecque et accole le préfixe *dys* (« mauvais, erroné, difficile ») au radical grec *phasis* (« parole, langage »). « Dysphasie » signifie donc « mauvais langage » et/ou « parole difficile ».

Faux self. Dans le faux self, « l'apparence est investie au détriment d'un moi authentique », expliquait le psychanalyste britannique Donald Winnicott. Si le faux self (la vraie personnalité se cache derrière un masque, une apparence qui n'est pas authentique) prédomine sur le moi, ses vraies envies, ses aspirations et ses motivations, il finit par être perçu comme étant une partie essentielle de la personnalité. À l'inverse, le vrai self peut être considéré comme un état où l'individu demeure authentique et se sent en confiance avec lui-même et son environnement. Il acceptera alors de se montrer tel qu'il est, en toute spontanéité et authenticité.

Hyperesthésique. Être hyperesthésique, c'est avoir une hypersensibilité des cinq sens. En psychologie, Jeanne Siaud-Facchin utilise ce terme en le définissant comme une « exacerbation des sens » qui caractérise les enfants (et adultes) surdoués (haut potentiel – HP) : chez ces derniers, les informations sensorielles parviennent beaucoup plus vite au cerveau que dans la moyenne et ces informations sont traitées dans un temps significativement plus court.

Intelligence émotionnelle. « Le mot "intelligence" est dérivé du latin *intelligentia/intelligentare*, "faculté de comprendre", dérivé du latin *intellegere* signifiant comprendre, et dont le préfixe *ĭnter* ("entre") et le radical *legere* ("choisir, cueillir") ou *ligare* ("lier") suggèrent essentiellement l'aptitude à relier des éléments entre eux ».

Les formes d'intelligence sont en fait très variées. Conscients de cela, plusieurs psychologues se sont intéressés à la question pour prendre en compte les diverses formes de talents existants. Robert Stenberg (1980) avait dégagé trois types d'intelligence : analytique, créative, pratique. Avec les travaux de John D. Mayer et de Peter Salovey dans les années 1990, est apparu le terme d'« intelligence émotionnelle ». Ils la définissent comme étant « l'habileté à percevoir et à exprimer les émotions, à les intégrer pour faciliter la pensée, à comprendre et à raisonner avec les émotions, ainsi qu'à réguler les émotions chez soi et chez les autres ». Elle est à rapprocher de l'intelligence intra et interpersonnelle. On parle alors de QE (quotient émotionnel) qui permet d'avoir un bon relationnel avec son environnement.

L'intelligence émotionnelle (IE) a été ensuite popularisée en France par le psychologue américain Daniel Goleman. Pour lui, elle a une incidence, tant sur le plan des relations avec nos proches que sur celui de la réussite professionnelle. Il en a tiré six styles de leadership (coercitif/autoritaire/affiliatif/démocratique/performatif/coach), très utiles pour comprendre les différentes manières de manager. Goleman explique qu'un bon dirigeant, grâce à son intelligence émotionnelle, fait usage de plusieurs types de leadership en fonction de la situation et du degré de maturité et de développement de la personne ou de l'équipe qu'il a en face de lui.

Métacommunication. Dans l'analyse transactionnelle, la métacommunication correspond à un échange entre deux personnes qui ne sont pas en phase : elles arrivent à une incompréhension qui entraîne un conflit ou une rupture de l'échange. Il s'agit que chacune d'entre elles explicite son point de vue et traduise celui de l'autre pour mettre au clair ce que chacun veut réellement dire et ce que chacun entend ; ceci afin d'éviter de mauvaises interprétations et d'être sûrs que le message que chacun veut faire passer soit bien compris par l'autre.

Résilience. Le concept de résilience a été introduit en 1969 par le psychologue-psychanalyste autrichien Fritz Redl, puis repris aux États-Unis dans les années 1990 sous l'influence de la psychologue Emmy Werner et du pédiatre-psychanalyste anglais John Bowlby. Ce terme, emprunté à la physique, décrit la capacité pour un matériau de reprendre sa forme initiale à la suite d'un choc. Être résilient, c'est rebondir, surmonter les drames pour en sortir différent, mais plus fort. En France, le concept a été vulgarisé par Boris Cyrulnik. Un des pionniers de l'éthologie française, neuropsychiatre, psychanalyste, il est devenu l'un des psys les plus médiatiques de France, grâce notamment à deux ouvrages : *Un merveilleux malheur* en 1999, et *Les Vilains Petits Canards* en 2001 (Odile Jacob). Il est parti de sa propre expérience et de l'observation des survivants des camps de concentration, puis d'enfants des orphelinats roumains ou des rues en Bolivie. Il a pu observer que ce ne sont pas les événements en eux-mêmes qui comptent le plus, mais la manière dont chacun se les représente, les ressent et les vit.

Synchronicité. Pour le psychiatre suisse Carl Gustav Jung, la synchronicité est l'occurrence simultanée d'au moins deux événements qui ne présentent pas de lien de causalité, mais dont l'association prend un sens pour la personne qui les perçoit. Exemple : « Le voilà, votre scarabée », dit Jung à sa patiente en lui tendant un insecte apparu alors qu'elle racontait son rêve d'un scarabée d'or.

Télépathie. Coïncidence, hasard ou télépathie ? Le terme « télépathie » vient du chercheur britannique Frederic Myers (1882). Il signifie « sensation à distance ». Sorte de « transmission de pensée » qui ne se limite pas à des idées ou des images qui passent dans la tête ou dans le corps qui est comme un récepteur d'une information. Des personnes ressentent un événement fort (accident, accouchement, mort...) touchant des personnes de leur entourage, au moment où celui-ci se produit.

TDA/H. Trouble d'attention biologique médicalement reconnu (TDA/H, trouble du déficit d'attention avec ou sans hyperactivité)

→ Techniques

EMDR. *Eye movement desensitization and reprocessing* (EMDR) signifie littéralement « désensibilisation et retraitement par mouvement des yeux ». C'est un type d'intervention à visée psychothérapeutique mise au point par Francine Shapiro à partir de 1987. Cette thérapie est notamment utilisée dans le traitement du syndrome de stress posttraumatique. La particularité de l'EMDR réside dans la stimulation sensorielle généralement appliquée sous une forme bilatérale alternée et le plus souvent par le biais des mouvements oculaires. Cette technique, qui a, au départ, été efficacement utilisée pour aider les GI's américains à récupérer des traumatismes de la guerre du Viêtnam est très efficace si vous trouvez un bon praticien bien sûr, pour faire émerger puis disparaître ces émotions d'enfants qui vous bloquent.

Génogramme professionnel. Mis au point par le sociologue Vincent de Gaulejac, le génogramme professionnel donne des idées précises sur les influences familiales au niveau du travail. C'est une sorte d'arbre généalogique des métiers de la famille, sur plusieurs générations. Il permet de mettre au jour les influences de la famille sur les choix professionnels. Il permet ainsi de mieux comprendre des trajectoires professionnelles, des choix ou au contraire des rejets.

MBTI. Le MBTI vous situe dans un profil et met au jour vos moteurs. Le test a été développé par Isabel Briggs Myers et sa mère, Katherine Cook Briggs, qui ont travaillé pendant quarante ans sur les types psychologiques de Carl Gustav Jung pour aboutir à sa création.

Mind map. Une carte heuristique, carte mentale, ou *mind map*, met en lumière les liens qui existent entre un concept ou une idée, et les informations qui leur sont associées. Elle fait penser visuellement à un arbre généalogique. Ce système permet de dégager les idées centrales et de les relier entre elles. À l'inverse du schéma conceptuel (ou « carte conceptuelle »), les cartes heuristiques offrent une représentation arborescente de données imitant ainsi le cheminement et le développement de la pensée.

Process Communication. La Process Communication est un modèle de communication développé par le psychologue Taïbi Kahler, lui-même issu de l'école de l'analyse transactionnelle. Elle propose des outils pour expliciter les problèmes rencontrés lors d'une métacommunication, les résoudre et rétablir la communication. Son objectif est de faciliter les échanges entre les personnes dans les situations de communication les plus courantes, notamment en entreprise. Le modèle de la Process Communication identifie un certain nombre de caractéristiques communes nettement identifiables dans les comportements des individus. Il les regroupe en grandes catégories correspondant à six types de personnalité de base : persévérant, travaillomane, empathique, promoteur, rêveur, rebelle.

→ Pédagogies

Pédagogie Freinet. Originaire des Alpes-Maritimes, l'instituteur Célestin Freinet (1896-1966) construit une pédagogie ouverte sur l'extérieur et centrée sur le travail en coopération des élèves, l'expression libre, les apprentissages concrets. À partir des années 1950, elle connaît un rayonnement international, au point que ses méthodes sont aujourd'hui pratiquées d'Amérique latine au Moyen-Orient, en passant par l'Afrique. En France, du fait d'un partenariat avec l'Éducation nationale (à l'inverse des établissements Montessori et Steiner, privés), le mouvement Freinet touche quelque 5 % des élèves, soit 600 000.

Pédagogie Montessori. Médecin et pédagogue italienne, Maria Montessori (1870-1952) est mondialement connue pour la méthode pédagogique qui porte son nom, la pédagogie Montessori. Cette méthode va à rebrousse-poil de toute éducation répressive et veille au contraire à développer les talents et la créativité de l'enfant pour permettre à sa personnalité de révéler tout son potentiel. Pendant cinquante ans, elle a étudié les enfants de milieux sociaux et culturels très défavorisés et en difficulté d'apprentissage, et s'est intéressée aux enfants dits « anormaux » qui lui donneront l'occasion de mettre au point sa méthode d'enseignement qu'elle reprend et généralise à l'usage des enfants « normaux ». Ces travaux l'ont conduite à élaborer une pédagogie qui repose sur des bases scientifiques, philosophiques et éducatives. Elle utilise du matériel repris notamment aux professeurs Jean Itard et Édouard Séguin, tout en l'adaptant aux grandes périodes de l'évolution de l'enfant. Elle envisage l'éducation de façon globale et holistique en définissant quatre plans de développement différents en fonction de l'âge de l'enfant de la naissance à 24 ans.

Pédagogie Steiner-Waldorf. Inspirée des travaux du philosophe autrichien Rudolf Steiner (1861-1925), fondateur de l'« anthroposophie » (pensée visant à rapprocher l'homme des « mondes spirituels »), cette pédagogie humaniste accorde une large place aux travaux artistiques, scientifiques et manuels. Elle recentre aussi les enfants sur leur intériorité et leur créativité. Forte de 250 000 élèves dans le monde, la pédagogie Steiner compte 20 écoles et jardins d'enfants en France, soit quelque 2 300 élèves.

Bibliographie sélective

→ Pour mieux connaître les cerveaux droits, les surdoués et les autistes...

ADDA A., BRUNEL T., *Adultes sensibles et doués. Trouver sa place au travail et s'épanouir*, Paris, Odile Jacob, 2015.

BOLTE TAYLOR J., *Voyage au-delà de mon cerveau. Une neuro-anatomiste victime d'un accident cérébral raconte ses incroyables découvertes*, Paris, JC Lattès, 2008.

BOST C., *Différence et souffrance de l'adulte surdoué*, Paris, Vuibert pratique, 2013.

BOST C., *Surdoués : s'intégrer et s'épanouir dans le monde du travail*, Paris, Vuibert, 2016.

GARDNER H., *Les Intelligences multiples*, Paris, Retz, 2008.

GAUVRIT N., *Les Surdoués ordinaires*, Paris, PUF, 2015.

JUAN DE MENDOZA J.-L., *Deux Hémisphères. Un cerveau*, Paris, Flammarion, 1996.

KAHNEMAN D., *Système 1/Système 2 : les deux vitesses de la pensée*, Paris, Flammarion, 2012.

KERMADEC M. de, *L'Adulte surdoué. Apprendre à faire simple quand on est compliqué*, Paris, Albin Michel, 2011.

MAGNIN H., *Moi, surdoué(e) ?*, Paris, Jouvence, 2010.

MILLER A., *Le Drame de l'enfant doué*, Paris, PUF, 2008.

MILLÊTRE B., *Petit Guide à l'usage des gens intelligents qui ne se trouvent pas très doués*, Paris, Payot, 2007.

MILLÊTRE B., *Réussir grâce à son intuition. Être plus rapide, avoir des idées nouvelles, voir ce que les autres ne voient pas*, Paris, Payot, coll. « Petite bibliothèque », 2015.

NEVEU M.-F., *Les Enfants actuels*, Paris, Exergue, 2006.

PETITCOLLIN C., *Je pense trop. Comment canaliser ce mental envahissant*, Paris, Guy Trédaniel, 2010.

PETITCOLLIN C., *Je pense mieux. Vivre heureux avec un cerveau bouillonnant, c'est possible !*, Paris, Guy Trédaniel, 2016.

SIAUD-FACCHIN J., *Trop intelligent pour être heureux ?*, Paris, Odile Jacob, 2008.

TIANA, *Je suis un zèbre*, Paris, Payot, 2015.

WAHL G., *Les Adultes surdoués*, Paris, PUF, coll. « Que sais-je ? », 2017.

WILLIAMS D., *Si on me touche, je n'existe plus. Le témoignage exceptionnel d'une jeune autiste*, Paris, Robert Laffont, coll. « Vécu », 1992.

→ Pour gérer les carrières et améliorer le management

BASSE C., *Restez acteur de votre carrière*, Cent Mille Milliards, 2016.

BASSE C., *Et si on le faisait coacher ?*, Paris, Edilivre, 2015.

Le Bien-être et l'Efficacité au travail, Rapport Fillon, 2010.

DEJOUX C., THÉVENET M., *La Gestion des talents. La GRH d'après-crise*, Paris, Dunod, 2010.

GOLEMAN D., *L'Intelligence émotionnelle*, Paris, Robert Laffont, 1999.

OGIER M., *Savoir se vendre en interne*, Paris, APEC/Eyrolles, 2003.

OGIER M., *Prendre des risques. Oser de nouvelles attitudes et manager autrement*, Paris, Dunod, 2011.

→ Pour choisir des tests

ASSANTE S., *Les 16 grands types de personnalité : Un modèle pour révéler le meilleur de soi-même et des autres*, Paris, Dangles, 2015.

BERNE É., *Analyse transactionnelle et psychothérapie*, Paris, Payot, 2001.

CAUVIN P., CAILLOUX G., *Les Types de personnalité : Les comprendre et les utiliser avec le MBTI et le CCTI*, Paris, ESF, 2011.

COLLIGNON G., *Comment leur dire… La Process Communication*, Paris, InterEdition, 2010.

COLUCCI M.-L., *Le Regard kaléidoscopique. La méthodologie du FIT DSM-compétence*, Éditions Progressance, 2010.

WAHL G., *Les Adultes surdoués*, Paris, PUF, coll. « Que sais-je ? », 2017.

→ Pour organiser sa pensée, les *mind map*

BUZAN T. et B., *Mind-map. Dessine-moi l'intelligence*, Paris, Eyrolles, 2012.

DELADRIÈRE J.-L., LE BIHAN F., MONGIN P., REBAUD D., *Organisez vos idées avec le mind mapping*, Paris, Dunod, 2014

→ Pour réfléchir sur l'éducation

ALVAREZ C., *Les Lois naturelles de l'enfant. La révolution de l'éducation à l'école et pour les parents*, Paris, Les Arènes, 2016.

BAUDRY P., *Français et Américains, l'autre rive*, Village mondial, 2007.

GRUMBEL P., *On achève bien les écoliers*, Paris, Grasset, 2010.

ZWEIG S., *Montaigne*, Paris, PUF, 1942.

→ Pour lutter contre la perversion et le harcèlement moral

HIRIGOYEN M.-F., *Le Harcèlement moral : la violence perverse au quotidien*, Paris, La Découverte et Syros, 1998.

HURNI M., STOLL G., *La Haine de l'amour ou la perversion du lien*, préf. par P.-C. Racamier, Paris, L'Harmattan, 1996.

NAZARÉ-AGA I., *Les manipulateurs sont parmi nous. Qui sont-ils ? Comment s'en protéger ?*, Paris, Éditions de L'Homme, 2004.

PICASSO M., *Grand-père*, Paris, Gallimard, 2001.

→ Pour élargir le débat

CHIENG A., *La Pratique de la Chine*, Paris, Grasset, 2006.

CYRULNIK B., *Le Vilain Petit Canard*, Paris, Odile Jacob, 2004.

CYRULNIK B., *Un merveilleux malheur*, Paris, Odile Jacob, 1999.

KERSAUDY F., *Lord Mountbatten*, Paris, Payot, 2006.

KERSAUDY F., *Churchill*, Paris, Tallandier, 2009.

MOÏSI D., *Géopolitique des émotions*, Paris, Flammarion, 2008.

PEALE N. V., *La Puissance de la pensée positive*, Paris, Éditions de l'Homme, 2013,

SAINT-EXUPÉRY A. de, *Le Petit Prince*, Paris, Gallimard, 1943.

→ Network

MENSA : *www.mensa.fr*

Innovants et intuitifs : *http://innovants-et-intuitifs.com*

→ Vidéo

BOLTE TAYLOR J., *www.ted.com/talks/jill_bolte_taylor_s_powerful_stroke_of_insight?language=fr*

BRUNETAUD-ZAÏD G., « Innover grâce aux personnes au profil atypique », www.youtube.com/watch?v=-KbqvqNblcE

KERMADEC M. DE, « L'adulte surdoué : bien vivre sa douance », *http://intelligences-multiples.fr/allerplusloin.html.*

SIAUD-FACCHIN J., « Qu'est-ce qu'un surdoué ? », *http://intelligences-multiples.fr/allerplusloin.html.*

Remerciements

Je tenais à remercier en premier lieu le Dr. Sophie Montgermont pour m'avoir fait prendre consciences des spécificités des neurodroitiers. Ce livre n'existerait pas sans elle.

Je remercie aussi tout particulièrement Olivier Brossolet, pour son accompagnement tout au long de l'écriture de cet ouvrage, son travail de relecture attentive, ses commentaires et ses très judicieuses suggestions.

À Christian Basse, Nathalie Guegan et Aude Momal, j'adresse ma vive reconnaissance pour leur relecture, leur enthousiasme et leur soutien à ce projet.

À Marie Ogier, Charles Ogier et Christian Ogier pour leurs encouragements, leurs idées et leurs remarques précieuses.

Je remercie également les différentes personnes des éditions Eyrolles qui sont intervenues tout au long du processus d'édition, et plus particulièrement Florian Migairou pour ses suggestions et ses remarques pertinentes. Ce fut un plaisir de travailler avec lui et avec toute l'équipe.

J'associe aussi dans mes remerciements mes clients neurodroitiers qui m'ont à la fois soutenue et inspirée pour la rédaction de ce livre, ainsi que les nombreux RH de grands groupes français qui ont vu l'intérêt d'un tel livre et m'ont apporté leurs éclairages et points de vue que j'ai intégré dans cet ouvrage.

Dépôt légal : février 2018

Imprimé en Allemagne par BoD